Hans Müller
DIE STADT –
gestern und heute

Hans Müller

# DIE STADT – gestern und heute

Von den ersten Ansiedlungen bis zur Millionenstadt

Der Kinderbuchverlag Berlin

Illustrationen von Siegfried Linke

ISBN 3-358-01274-3

1. Auflage 1989 dieser Ausgabe

Lizenz-Nr. 304-270/120/89
Gesamtherstellung: Karl-Marx-Werk Pößneck V15/30
LSV 7831
Für Leser von 12 Jahren an
Bestell-Nr. 633 478 6
00780

## *Reise in die Stadt*

Leise surrend gleitet der Expreß über blanke Schienen dahin. An den Fenstern huschen Felder, Bäume und Wiesen vorbei. Wir fahren unter einer Brücke hindurch, über die das breite Band der Autobahn führt. Kleine Siedlungshäuschen reihen sich am Bahndamm auf. Zwei Straßen treffen aufeinander und laufen eine Weile neben uns dahin. Wir überholen Autos, die zwischen Gärten verschwinden, und wieder tauchen Häuser auf – nun stehen sie schon dichter. Wie ein Schatten gleitet ein Vorortbahnhof vorbei, wir nähern uns unserem Ziel, der Stadt. Jetzt werden die ersten Wohnblocks sichtbar, mit ihren vielen Geschossen hoch emporsteigend aus dem Gewirr der Gärten und Lauben neben dem Bahndamm. Der Zug taucht in das Dunkel einer Unterführung, danach ändert sich plötzlich das Bild: Zwischen Schornsteinen, Kränen, Baugerüsten werden für einen Augenblick große Werkhallen sichtbar. Schon wieder rollen wir zwischen Häuserwänden dahin, nun aber sehen sie weniger hell und freundlich aus, sie wirken alt und grau, ihre Balkons sind mit Wäschestücken behängt. Wir erkennen Straßen mit Autos, Menschen und Straßenbahnen. Ein Gegenzug donnert vorüber. Auf der anderen Seite fährt ein Zug direkt neben dem unseren und zweigt dann mit dem Schienenstrang wieder ab. Wie ein Keil treibt sich schließlich das nun immer breiter werdende Gleisgefüge in das Stadtbild hinein. Zwischen Bahnsteigen und Zügen fahren wir in das

Halbdunkel der großen Halle – ein langes Quietschen, ein Ruck, der Zug steht. Die Reisenden drängen aus den Abteilen, rufen, winken, begrüßen Verwandte oder Bekannte, die auf dem Bahnsteig warteten. Andere hasten dem Ausgang zu. Unsere Ohren klingen wider von den Hinweisen, die aus den Lautsprechern tönen. In dem Strudel von Reisenden gelangen wir über breite Treppen, durch Gänge und schließlich eine hohe Halle voller Schilder, Schalter und Menschen hinaus ins Freie.

Da brummen die Autoschlangen vorüber, Busse stehen bereit, fahren ab und kommen an. Ein wenig behäbiger schieben sich die Straßenbahnzüge zwischen die Wartenden.

Durch einen Fußgängertunnel gelangen wir, unter dem polternden Straßenbahn- und Autoverkehr hinweg, sicher auf die andere Seite der breiten Verkehrsachse vor dem Bahnhof. Dort befinden wir uns zwischen mächtigen Häuserwänden, spiegelnden Schaufensterscheiben, Hotelreklamen, parkenden Autos und unter vielen Menschen.

Wir sind in der großen Stadt.

Ein anderer Tag bringt uns mit dem Autobus über das graue Band der Landstraße in die Weite der Landschaft. Wir haben das Glück, ganz vorn beim Fahrer zu sitzen, und erkennen in der Ferne unser Ziel: drei Türme, zuerst klein und scheinbar ganz dicht beieinander. Sie wachsen allmählich zu unterschiedlichen Bauwerken heran. Bald zeigen sich ne-

In der großen Stadt

U

ben ihnen Dächer, deren Rot sich von grünen Bäumen abhebt. Hinter einer Kurve liegt sie dann in ihrer ganzen Breite vor uns, die Stadt. Aus den Feldern und Wiesen wachsen die Häuser zur Mitte und zu den Türmen hin an, ganz klein und flach am Rande, dann höher werdend und schließlich in den mächtigen Kirchendächern und Türmen gipfelnd. Unser Bus zwängt sich durch das enge Tor eines dikken Turmes, der sich uns mitten in den Weg zu stellen scheint – wir passieren ein historisches Stadttor. Danach sind die Straßen schmal, aus dem Busfenster blicken wir direkt in die obere Etage der Häuser! Nur unser Bus hat Platz, Autos, die aus der anderen Richtung kommen, müssen über eine neue Straße um die Stadt herumfahren. Dann halten wir auf dem viereckigen Marktplatz zwischen bunten Häuserfronten. Mitten auf der gepflasterten Fläche erhebt sich, wie ein reich verziertes großes Möbelstück, das alte Rathaus und reckt stolz seinen Schmuckgiebel empor. Darüber ist noch ein Türmchen, das vom Marktplatz aus gesehen das Rathaus genauso hoch erscheinen läßt wie den dahinter liegenden Kirchturm – und das hatten seine Erbauer auch bezweckt. Aber blicken wir uns zunächst weiter um. Der Polizist begrüßt unseren Busfahrer, man kennt sich hier. Die Fahrgäste verteilen sich gemächlich über den Platz. Von einem Lastwagen laden Bauarbeiter Ziegel ab und stapeln sie am Baugerüst vor einer der schönen alten Fassaden.

---

Die kleine Stadt, Hauptstraße in Salzwedel

Wir sind in der kleinen Stadt.

Welch ein Unterschied zwischen der großen und der kleinen Stadt auf den ersten Blick! Beide sind sie Stadt, und dennoch wirkt jede ganz anders auf uns. Warum ist das so, und war das eigentlich immer so? Weshalb gibt es überhaupt große und kleine Städte?

Das sind Fragen, über die wir einmal nachdenken sollten. Sie stehen nämlich in unmittelbarem Zusammenhang mit uns selbst, mit unserem Leben, mit unserer Geschichte und mit unserer Zukunft. Nun könnte man sagen, weil es so große und kleine, junge und alte und in der ganzen Welt arme und prahlerische, produktive und erlebnisfreudige Menschen gibt, entstanden auch solche Städte. Daran ist eine ganze Menge Wahres, nur können wir es nicht so einfach hinnehmen, denn es hieße, daß die Menschen wie die Städte, einmal für einen Zustand bestimmt, unveränderbar wären. Das ist aber nicht so.

Die Stadt ist ein Werk des Menschen. Wie er sich von der Jugend zu Reife und Produktivität entwikkelt, schließlich aber alt werden muß, so wandelt sich auch die Stadt. Aber hier hinkt schon unser Vergleich; denn in der Stadt lebt nicht nur ein Mensch, in ihr leben viele tausend, ja oft Millionen Menschen, von denen immer viele jung und viele alt sind. Dies kennzeichnet auch die Stadt: Auch sie hat Teile, Bauwerke, Straßen, die alt sind, daneben aber bauen ihre Bewohner neue hinzu, ersetzen das Alte durch Neues, nicht ohne besonders wertvolles

Altes zu bewahren. So kommt es, daß die Stadt – nun doch wieder ähnlich wie der Mensch – nie im gleichen Zustand einer Entwicklung verharrt. Wie wir hinzulernen zu dem, was wir bereits wissen, und dieses Hinzugelernte vor unwichtig Gewordenes stellen, so gewinnt auch eine Stadt ständig hinzu. Neue Bauwerke und alte aus vergangenen Zeiten verbinden sich zum Bild einer Stadt. Wie jeder Mensch hat also jede Stadt ein eigenes Antlitz.

Es gibt unterschiedliche Aufgaben für uns Menschen – aber auch für die Städte. Eisenhüttenstadt, Merseburg, Zwickau, Mansfeld oder Brandenburg leben von der Industrie, gewaltige Produktionsstätten kennzeichnen ihr Aussehen. Anders Jena, Weimar, Leipzig oder Greifswald, hier prägen die Bauten für Wissenschaft und Forschung das Bild der Stadt.

Aber kehren wir zu unseren Fragen zurück. Wieso gibt es so unterschiedliche Städte, warum wurden manche groß und blieben andere klein?

Um dies zu beantworten, müssen wir die Stadt von heute verlassen und in die Geschichte zurückschauen, zunächst nicht einmal in die Geschichte der Städte, sondern auf die Entwicklung unserer menschlichen Gesellschaft.

## *Wie alt ist die Stadt?*

Als sich das gesellschaftliche Zusammenleben der Menschen bereits über die Stufe der Jäger und Sammler hinaus entwickelt hatte, begann die Vorgeschichte der Stadt. Eine Siedlung in städtischer Form gibt es eigentlich erst, seit es Bürger gibt, und Bürger gibt es erst, seit die Menschen miteinander Handel treiben. Kaufleute und Händler waren diejenigen, die erste städtische Siedlungen anlegten. Sie allein vermochten jedoch nicht alles das zu erbringen, was zu einer Stadt gehört. Um überhaupt Häuser bauen zu können, waren Handwerker nötig. Man brauchte Essen und Trinken beim Bauen – einst so wie heute. Bäcker und Fleischer, wie wir sie kennen, gab es allerdings damals nicht in dieser Form, aber bestimmte Gruppen von Menschen in einer frühstädtischen Siedlung verarbeiteten das, was von Bauern auf dem Lande produziert wurde, für die in der Siedlung Tätigen.

Der Handelsplatz, der Markt, wurde zum Mittelpunkt: Hier trieben die Kaufleute ihren Warenaustausch mit Bauern und anderen Händlern. Dabei kamen die Waren zum Angebot, die das Leben in einer Stadt überhaupt erst ermöglichten. Böttcher und Töpfer, Schmiede und Schreiner, Gerber und Bader kamen zu Maurern und Zimmerleuten hinzu und begannen für den Bedarf der Bewohner ihrer Stadt zu arbeiten. Bald aber zeigte es sich, daß man die gefertigten Waren auch weiterverkaufen konnte. Die Händlersiedlungen begannen sich also zu einer Stätte der Warenherstellung zu entwickeln. So zeichnete sich etwas ab von dem komplizierten Zusammenhang von Handel, Produktion und Leben, der sich allmählich herausbildete.

Nun lebten in der Frühzeit der Städte nicht nur

Händler und Handwerker. Wir wissen, daß sich mit der Entwicklung der menschlichen Gesellschaft allmählich Klassen herausbildeten. Es gab also neben der Vielzahl der Werte schaffenden, arbeitenden Menschen auch einige, die von der Arbeit der anderen lebten – Könige, Fürsten, Priester. Sie hatten das Land als Besitz, und um ihre Macht zu sichern, hielten sie sich ganze Scharen von Söldnern und Kriegsknechten. Auf ihrem Lande entstanden die ersten städtischen Siedlungen. Kein Wunder, daß die Landbesitzer nun auch die Herren der Stadt sein wollten. Ja, bald hatten sie erkannt, daß man von den Händlern einen Teil der Waren abverlangen und so auf recht einfache Weise und leichter als durch Jagd oder Kriegszüge zu Wohlstand gelangen konnte. So behielten sich die Herrscher das Recht vor, einen Ort zur Stadt zu erklären. Sie gründeten Städte neben ihren Wohnsitzen, um Kaufleute, Siedler und Handwerker anzulocken – es entstanden die ersten und oft prächtigen Residenzen. Es gab aber auch Herrscher, die ihre Sitze an die neu entstehenden Märkte verlegten, um näher am Gewinn zu sein.

## *Die antike Stadt*

Dies alles spielte sich – so weit wir heute die Geschichte überblicken können – schon im dritten Jahrtausend vor unserer Zeitrechnung ab, und zwar im Zweistromland am Persischen Golf im Reich der Sumerer und Babylonier und am Nil im Reich der alten Ägypter. Mindestens gleich alt, wenn nicht noch früher entstanden, sind die städtischen Siedlungen im fernöstlichen Raum, wo sich in China eine der ältesten Kulturen unseres Planeten entwikkelt hatte.

Die wohl berühmteste Stadt des Altertums war Babylon, am Unterlauf des Euphrat gelegen und seit dem Jahre 2000 v. u. Z. Hauptstadt eines Königreiches. Wir wissen dies aus der Geschichtsforschung, denn seit 1899 gingen Archäologen daran, an Ort und Stelle nach dieser ältesten Großstadt zu suchen. Schauen wir einmal auf diese Jahrtausende währende Geschichte: Schon im Jahre 2700 v. u. Z. besaß der Herrscher Sargon von Akkad einen Palast an der Stelle, wo sich Babylon entwickelte. Um 1900 v. u. Z. wurden das große Reich und die inzwischen prächtige Stadt von den Hethitern erobert und zerstört. Ihnen folgten die Kassitenkönige, die nun Babylon neu errichten ließen. Um 1250 v. u. Z. nahmen Assyrer das Land, und bis zum Jahre 689 v. u. Z. gab es mindestens drei weitere Eroberungen, Zerstörungen und Wiederaufbauten Babylons. Runde fünfzig Jahre später war es erneut Hauptstadt des jüngeren Babylonierreiches, und der König Nebukadnezar baute es zu einer – nach damaligen Begriffen – riesigen Weltstadt aus. Dann eroberten die Perser den Platz und machten Babylon 539 v. u. Z. zu ihrer Hauptstadt. Erst seit der Einnahme durch den Makedonierkönig Alexander den Großen 331 v. u. Z. be-

---

Das Ischtar-Tor aus dem alten Babylon

gann der Verfall der Stadt, nachdem nämlich seine Nachfolger mit Sileukia eine neue Hauptstadt zu errichten begonnen hatten. Im Pergamon-Museum in Berlin finden wir eines der prächtigen Tore aus dem alten Babylon, das 24 Meter hohe Ischtar-Tor.

Der Blick auf diese alte Geschichte zeigt uns, daß sich Städte keineswegs ruhig und ungestört entwikkelten. Nicht nur zwischen den Stadtherren, den Kaisern, Königen und anderen Mächtigen – auch zwischen den Städten selbst gab es Konkurrenzen und Wettstreite um Handelsvorrechte, um Gewinn und Macht, die man nahezu ausschließlich mit Feuer und Schwert austrug. Tore und Befestigungen waren also für diese antiken Städte schon ebenso wichtig wie ihre Versorgung. So unterschieden sie sich zunächst eigentlich recht wenig von Anlagen, wie sie in – freilich viel später erbauten – Burgen und Festungen erhalten blieben.

Die altgriechischen Städte, besonders aber dann die der Römer waren von Anfang an von gewaltigen Verteidigungswerken umgeben. Rom ist immer wieder das Ziel für Forscher gewesen, und so wissen wir heute auch recht gut über seine Geschichte und seine antike Baugestalt Bescheid. Als eines der größten und jüngsten Kulturzentren der antiken Welt wurde diese Stadt Vorbild für die Entwicklung und Gestalt städtischer Siedlungen auch im nördlichen Europa, denn die Römer hatten ihre Bauideen bis hierhin getragen, während sie das Gallierreich bis zum Rhein kolonisierten. Colonia nannten sie dabei einen der nördlichsten Plätze, aus dem dann die Stadt und der Name Köln hervorgingen.

7-5-3, Rom kriecht aus dem Ei, so bespöttelten die Lateinschüler die Gründung der Stadt, um sich mit dieser Eselsbrücke das frühe Datum zu merken. Nun ist freilich aus der sagenumwobenen Zeit nichts mehr übriggeblieben. Aber Rom wurde *das* Zentrum der Welt zwischen klassischer Antike und dem Mittelalter, nachdem es dem griechischen Vorbild nachstrebte. Eine ganze Reihe von Befestigungen legte man im Laufe der Geschichte immer wieder um die Stadt an: Die älteste bekannte stammt aus den Jahren, da Rom bereits auf ein Jahrtausend seines Bestehens zurückblicken konnte. Kaiser Aurelian ließ zwischen 270 und 275 seine Residenz ummauern. Sicher baute er auf Vorhandenem auf – genau wie seine Nachfolger, die das Festungswerk mit hohen Mauern, stärkeren Toren und Türmen immer wieder ergänzten. Die wohl umfangreichste Modernisierung fand seit 403 statt. Im Wettstreit um Rang und Ansehen mit Rom war im östlichen Teil des Imperiums Konstantinopel zu einem zweiten Machtzentrum herangewachsen. Zwischen dessen Ummauerung durch Theodosius um 412 und der Erneuerung der römischen Wehrbauten muß man wohl einen Zusammenhang sehen. Schon im Jahre 330 hatte nämlich der römische Kaiser Konstantin seine Residenz in den östlichen Teil des Weltreiches verlegt, wobei er auch der alten Stadt Byzanz seinen eigenen Namen „Stadt des Konstantin“ – Konstantinopel – verlieh. Während zu dieser

Zeit im westlichen Rom die Grundlagen der Sklavenhaltergesellschaft immer mehr zu zerfallen begannen, blieben sie im kleinasiatischen Raum erhalten. Byzanz (Konstantinopel) entwickelte sich so im 6. und 7. Jahrhundert zur späten, auf der Sklavenhalterei beruhenden und bedeutendsten Handelsmacht in Europa. Nicht nur die Schiffe der Oströmer gelangten über die Meere weit um den europäischen und afrikanischen Kontinent, mit ihnen trugen die Byzantiner auch ihre kulturellen Errungenschaften, ihre Kunst und ihr Denken in die Welt.

Wie sahen nun jene Städte aus? In ihrem Bild muß sich doch widergespiegelt haben, daß hier nicht nur Handel und Wohlstand gediehen, sondern daß man von ihnen aus Eroberungskriege führte, Gefangene heimbrachte und daß in ihren Mauern die härteste Ausbeutung durch die Sklavenhaltergesellschaft stattfand.

Wir wollen dazu einige der antiken Städte betrachten – das heißt, uns bleiben dazu die von Geschichtsforschern ausgegrabenen Grundrisse und Ruinen der Siedlungen. Siedlungen? In der Tat müssen wir uns zunächst einmal vergegenwärtigen, daß eine solche Stadt nicht einfach der heutigen gleichgesetzt werden kann. Vielmehr handelt es sich um eine Art von Stadtstaaten, die als wohlgesicherte Kolonisations- und Regierungsplätze inmitten einer weiten, kaum von ähnlichen Anlagen weiter bestückten Landschaft lagen. Die Umgebung dieser Städte bestand also weitgehend aus Feldern und Wäldern, zwischen denen einzelne bäuerliche Anwesen lagen. Auch da, wo heute Karst- und Wüstengebiete die antiken Ruinenstädte umgeben, standen einst Bäume, lagen fruchtbare Äcker. Mit der Zerstörung oder dem Verfall der Stadtstaaten aber hörte auch die oft hochentwickelte Kultivierungsarbeit an den Böden und der Landschaft auf. Raubbau führte besonders in den südlichen Breiten zur Versteppung oder – wie rings um die afrikanischen antiken Kulturzentren – zur Wüste.

Eine antike Stadt stellte also das Idealbild der Welt dar, das die damaligen Menschen der herrschenden Klasse für sich verwirklichen wollten. Entsprechend wurde auch die Stadt gestaltet. Sie diente in erster Linie dem Herrschenden als Wohnsitz. Hinzu kamen diejenigen, die ihm überhaupt sein Herrschertum ermöglichten, reiche Händler, Heerführer und schließlich die Vielzahl der Arbeitenden und Sklaven.

Blicken wir noch einmal ins 6. Jahrhundert v. u. Z. zurück, auf das alte Babylon. Sein Grundriß bildete fast ein Quadrat, an dessen westlicher Seite der Euphrat-Strom als Lebensnerv dahinfloß, die drei anderen Seiten umschloß eine Mauer. In der Nordwestecke lag unmittelbar am Fluß die Burg, aus der ein prächtiger Herrschersitz entwickelt wurde. Entlang dem Flußufer dehnte sich ein großer Platz mit dem Tempelbezirk aus. Das war das eigentliche Herz der Stadt, wo Waren getauscht wurden, hier fanden die täglichen Geschäfte in einem wohl beträchtlichen Umfang statt – der Platz jedenfalls hatte die Größe dazu. Und die Tempel? Gewiß dienten sie kultischen Handlungen, aber diese waren in der damaligen Gesellschaft gar nicht zu trennen vom allgemeinen innerstädtischen Leben. Lesen wir in den lebendigen Geschichtsquellen alter Schriften, so erkennen wir daraus, daß solche Tempelbauten sowohl der von Priestern ausgeübten Herrschaft dienten als auch für die allgemeinen – wir würden heute sagen innerstädtischen – Belange Verwendung fanden. Denken wir nur an die Geschichte der Vertreibung von Händlern aus dem Tempel, von der die Bibel berichtet! Wohl waren auch die – um es noch einmal mit dem heutigen Begriff auszudrükken – Berufe von Händler und Priester nicht im späteren Sinne streng geschieden, denn beides, Religionsmacht und Handel, waren Vorrecht der Herrschenden.

Interessant ist nun in den antiken Städten die Logik ihres Aufbaues. Sie gliederten sich in Quartiere, die mit Hilfe der rechtwinkelig sich kreuzenden geraden Straßen leicht erschlossen wurden. Auch die babylonische neuere Stadt war nach einem solchen Schachbrettsystem entstanden. In der subtropischen Zone spielte das Klima für den Lebensrhythmus und das Bauen der Menschen eine entscheidende Rolle. So legte man die Straßen den Windrichtungen folgend an und schuf damit eine Art natürliche Belüftung für die engen Gassen und Quartiere. Eine ebenso einfache wie großartige Einrichtung waren die Kanäle, die die Stadt durchzogen, einesteils

---

Babylon im 6. Jh. v. u. Z.

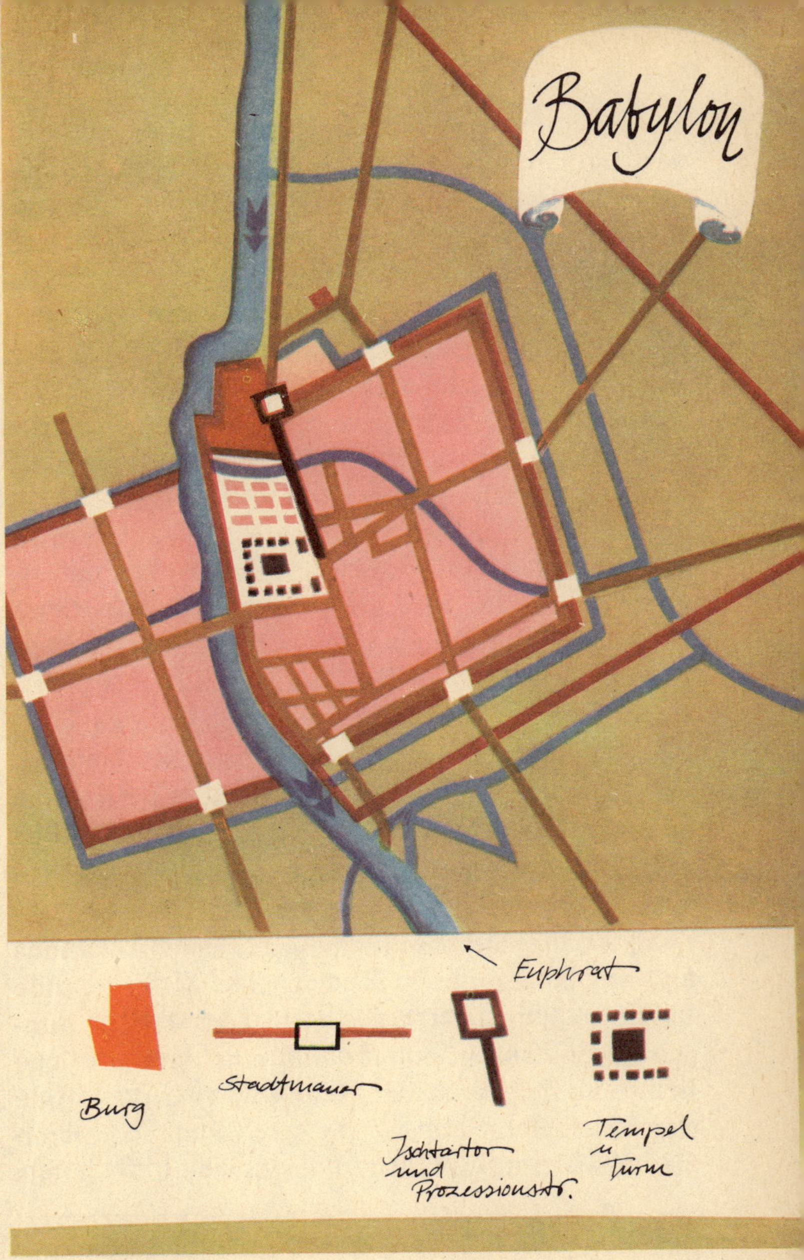
Babylon
Euphrat
Burg
Stadtmauer
Ischtartor und Prozessionsstr.
Tempel u Turm

Frischwasser hereinbeförderten und auf der anderen Seite die Abwässer hinaustrugen. Zudem speisten sie noch die Wassergräben der Stadtbefestigung und vermochten sogar bei entsprechender Breite und Tiefe Kähne mit Warenballen zu tragen. Diesen rationellen Anlagen werden wir später in der mittelalterlichen Stadt wieder begegnen – damit aber auch den Problemen, die solch elementare Be- und Entwässerung für größere Städte von mehreren tausend Einwohnern mit sich brachten. Denken wir nur an den nicht gerade feinen Duft solcher Abwasserrinnen!

Weiter entwickelt waren die griechischen und römischen Städte. Weil sie jünger sind, blieb auch mehr von ihren Ruinen und Grundmauern erhalten. Die „Polis" – so hieß die Stadt in der griechisch-antiken Sprache – faßte bereits in vollendeter Form alle Lebensnotwendigkeiten zusammen. Übrigens leitet sich auch unser Wort Politik von jenem antiken Begriff ab, wo er identisch war mit der Tätigkeit und Teilnahme an der Staatsführung. Das beweist uns einmal mehr, welch zentrale Rolle in der Antike die Stadt nun auch wörtlich belegt für das Leben der Gesellschaft besaß. Die Römer schließlich verfeinerten ihre Stadt so hervorragend, daß im antiken Rom schon all das vorweggenommen scheint, was wir heute in der modernen Großstadt als Errungenschaft unserer Zivilisation betrachten: Da gab es Wohnhäuser mit luftigen und sonnigen Innenhöfen,

Das Colosseum – Amphitheater in Rom

überdachte Märkte, Bäder mit warm und kalt fließendem Wasser, Wasserleitungen, Kanalisation, Theater und große Sportarenen für Wettkämpfe und Wagenrennen, man dressierte wilde Tiere und führte sie der jubelnden Menge vor – der Menge der herrschenden Klasse. Wir dürfen nicht vergessen, daß die Arbeit fast ausschließlich durch Sklaven erledigt wurde.

Die Weltmacht jener Staaten – Athen und Rom waren ja nacheinander die Zentren der antiken Weltreiche – spiegelte sich in den Städten wider. Auf dem steilen Fels hoch über Athen erhebt sich die Akropolis, der Sitz der Götter, wenn sie nach dem Glauben der Menschen vom Berge Olymp herabstiegen. Ansonsten ließen sich diese Götter von Priestern vertreten, die ihre Macht über das Land und die Stadt ausübten. Zu Füßen des Göttersitzes, für die Priester gut überschaubar, lag der Markt, auf dem sich das Leben und Treiben abspielte. Wie ein Kranz legten sich um Akropolis und Markt dann genau wie später um den Palatinusberg in Rom Tempel, Theater, Einrichtungen, von denen aus das Funktionieren des Imperiums überwacht werden konnte, hinzu kamen die Wohnbauten der herrschenden vornehmen Bürger. Gewiß haben wir das ein wenig vereinfacht dargestellt, denn diese Städte waren in Wirklichkeit schon recht große und komplizierte Gebilde. So zeigt uns der Plan Roms, daß es sich von seiner ursprünglichen Anlage bis zur

Rom im 3. Jh. v. u. Z.

Rom
Stadt im 4. Jh. v.d.Z.
Stadt im 3. Jh. v.d.Z.
Festungsmauern
Bedeutende öffentliche und kaiserliche Bauten
1 Forum Romanum
2 Colosseum
Wasserleitung
alte Hauptstraßen
Tiber
Tiber

Kaiserzeit um 275 zu einer regelrechten Großstadt ausgeweitet hat, deren Nord-Süd- und Ost-West-Ausdehnung jeweils etwa vier Kilometer betrug. Das ist etwa das Vierfache des Leipziger Stadtzentrums! Antike Städte lagen relativ weit voneinander entfernt. Mitunter hatten sie sich mitten im Gebiet fremder Stämme und Völker angesiedelt, als günstige Ausgangspositionen für den Handel, aber auch für Kriegszüge. Die Unterwerfung der Völker im Umland solcher Städte bildete stets eine Notwendigkeit, wollte man einigermaßen sicher in ihnen leben. Entsprechend waren auch die Bauten und Einrichtungen: Militärische Anlagen und Festungswerke standen neben den Kult- und Wohnbauten.

Betrachten wir dazu eine antike Stadt, deren einstiger Glanz uns zu einem ganz kleinen Teil erhalten blieb: Pergamon. Am Ende des vorigen Jahrhunderts fanden deutsche Forscher Teile dieser Stadt, und der zwischen 197 und 159 v.u.Z. erbaute Große Altar – ein Bauwerk aus dem Tempelbezirk – gelangte nach Berlin, wo er 1930 im Pergamon-Museum aufgestellt wurde. Nachdem 1945 sowjetische Spezialisten die wertvollen Kunstwerke geborgen haben, können heute wieder viele hunderttausend Besucher die antiken Bild- und Bauwerke besichtigen.

Doch zurück nach Pergamon selbst. Im dritten und zweiten Jahrhundert v. u. Z. hatte es sich zur Metropole eines mächtigen Reiches entwickelt, etwa dreißig Kilometer landeinwärts an der türkischen Nordwestküste bei der heutigen Stadt Bergama gelegen. Kriege gegen die einfallenden Gallier und Kelten bestanden die Pergamener siegreich; dann aber mußten sie sich mit dem mächtigen Rom verbünden, um gegen Konkurrenzstädte bestehen und um die Handels- und Kulturbeziehungen ausweiten zu können. So trafen sich in der Residenz der pergamenischen Könige nicht nur Krieger und Feldherren, Händler und Kaufleute, vor allem gaben nun Baumeister und Künstler der Stadt ihre großartige Gestalt. Hier lebte die griechisch-antike Kunst weiter, und aus Rom wurde später Neues hinzugetragen. Pergamon war als Stadt aber niemals so fertig, so vollendet, wie wir uns das bei einem Blick auf das von Archäologen und Bauhistorikern nach den Ausgrabungen geschaffene Modell wohl zunächst vorstellen könnten. Genau wie an jeder Stätte, wo Menschen zusammenleben, wurde auch hier ständig gebaut, verändert, Altes durch Neues ersetzt. So wuchs die Stadt vom Burgberg aus weit in die vorgelagerte Ebene hinein. Im Anschluß an den Herrschersitz entstanden die Stadtteile der reichen Kaufleute und Feldherren mit Prunkbauten und Tempeln, Arenen und Märkten, dann dehnten sich die Viertel der Handwerker und schließlich der Ärmsten der Armen, der Sklaven, aus. Man nutzte geschickt die natürlichen Gegebenheiten: Der Burgberg war als höchste Erhebung im Gelände auch am schwersten einnehmbar, zugleich macht er die Rolle der Stadt als religiös-politisches Zentrum sichtbar. Wir wissen aus den Forschungen der Archäologen, daß sich in Pergamon eine der bedeutendsten Bibliotheken des Altertums befand, Theater standen neben den Tempeln, die zwar der Götterverehrung dienten, wohl aber auch weltliche Funktionen hatten. Schließlich kamen Magazine und Kasernen zu den Wohnbauten und Palästen hinzu. Einer ähnlichen Gliederung wie hier werden wir später erneut begegnen – in der frühmittelalterlichen Pfalz. Die karolingischen und fränkischen Herrscher bezogen nämlich ihre Bauideen aus den spät- und nachantiken Städten, die sie vielfach selbst kennengelernt hatten.

Anders als eine Königs- oder Reichsstadt wie Pergamon sah ein Handelszentrum am Mittelmeer aus. Das antike Alexandria war Umschlagplatz für Waren, die zwischen der nordafrikanischen Kornkammer und dem europäischen Kontinent hin und her transportiert wurden. Was für Pergamon die Burg, das bedeutete für Alexandria der Hafen. Er zählte zu den gewaltigsten Schiffahrtseinrichtungen jener Zeit. So orientierte sich auch die gesamte Stadt auf ihn, und wie Perlen auf einer Schnur lagen entlang der Küste die Lande- und Ladeplätze, umgeben von Tempeln, Märkten und Palästen. Die königliche Villa besaß einen eigenen Hafen. Es gab Leuchtfeuer und Seezeichen. Auf der vorgelagerten Insel Pharos hatte man sie in den klassischen Bauformen der Tempel errichtet. Der 130 Meter hohe Leuchtturm, im Jahre 279 v.u.Z. vom Baumeister Sostratos aus Knidos vollendet und ein 130 Meter langer

Die antike Handelsstadt Alexandria

Alexandria

Damm zwischen der Insel und der Stadt galten schon damals als Weltwunder. Jener Damm hatte zudem eine wichtige strategische Funktion, denn man gelangte über ihn rasch zu der den Hafen schützenden Insel!

Alexandria war zweckmäßig angelegt: Vom Hafen führten gerade Straßen in die Stadt, die miteinander durch lange Querstraßen verbunden waren. Solche gitterförmigen Grundrisse werden wir auch in unseren mittelalterlichen Handels- und Hafenstädten wiederfinden. Schon in der Antike bildeten sich also zwei Formen von Städten heraus, die Herrscherstadt als Haupt- und Residenzort und als zweites die Kaufmanns- und Handelsstadt. Der Grundriß der Residenz bezog sich nahezu ausschließlich auf den Herrscherpalast oder die Burg. Von hier aus ging die eigentliche städtische Entwicklung vonstatten. Die Handelsstadt hingegen breitete sich viel offener, wie ein weitmaschiges Netz aus und nahm die Wege aus allen Himmelsrichtungen auf.

Nun sollten wir uns freilich nicht dazu verleiten lassen, eine Gesetzmäßigkeit aus diesen Formen abzulesen. Das alte Peking war schon um das Jahr 1000 v. u. Z. als quadratische Siedlung entstanden, rechteckige Quartiere umgaben den Kaiserpalast, der genau in der Mitte des großen Viereckes lag. Auch hier bildete eine geometrische Form die Grundlage für die Siedlung. Bei den Römern entstanden ganz ähnliche, auf dem Quadrat beruhende Siedlungen als Heerlager. Es war wohl die Zweckmäßigkeit, die Überschaubarkeit einer solchen Anlage, die auch die Menschen des frühen Mittelalters jene römischen, schon halb verfallenen Städte neu besiedeln ließ.

## *Die Entstehung der frühmittelalterlichen Feudalstadt*

Um von der antiken Siedlung zu den Anfängen unserer Städte zu gelangen, müssen wir fast ein Jahrtausend überbrücken! Zwischen der Gründung der römischen Militärstadt im Jahre 38 v. u. Z. an dem Platz, wo heute Köln steht, oder der Errichtung des Standlagers Castra Regina im Jahre 179, aus dem das jetzige Regensburg entstand, zwischen diesen und den mittelalterlichen Städtegründungen liegen rund tausend Jahre! Weshalb gab es in dieser langen Zeit keine Städte in unserer Gegend? Schon vor den Römern waren doch Menschen hier; Langobarden, Semnonen und Sachsen, Cherusker oder Friesen da, wo heute Deutsche leben, Gallier und Markomanen siedelten dort, wo jetzt Schweizer und Franzosen ihre Heimat haben. Alle diese Stämme lebten in urgesellschaftlichen Verhältnissen, in Sippengemeinschaften, und der Ackerbau bildete neben Jagd und Kriegszügen gegeneinander ihre Hauptbeschäftigung. In den häufigen Kämpfen – auch gegen die Römer – festigte sich allmählich die Stellung der Stammesführer, und sie erlangten die Vormachtstellung gegenüber den Mitgliedern ihrer Gefolgschaft.

Bis zum 5. Jahrhundert kam es so zur Herausbildung einer adligen Oberschicht, deren stärkster Mann schließlich die Stellung eines Königs einnahm. Chlodwig war ein solcher bei den Merowingern, ein Haudegen, der in Gallien die Römer, dann die Alemannen und schließlich sogar die aus dem Osten vorgestoßenen Heerscharen der Goten besiegt hatte. Unter seiner Herrschaft bildete sich das Frankenreich. Dabei veränderte sich immer mehr die traditionelle städtisch-römische Form des Zusammenlebens der Menschen. Der König bedachte eine Reihe seiner Gefolgsleute mit dem „feudum" – oder Lehen – in Form von Land. Die Bauern, die hier lebten, kamen damit unter die Lehnsherrschaft, und es entstand ein neues Verhältnis zwischen Oberschicht und den Landbewohnern: Wir sprechen vom Feudalismus.

Im Laufe der Entwicklung wurde die adlige Oberschicht immer mächtiger. Die gesamte Masse der Bauern wurde von ihr beaufsichtigt und ausgebeutet. Die Menschen wohnten in kleinen Anwesen und auf Bauernhöfen, die sich höchstens in sehr loser Form zu dörflichen Siedlungen zusammenfügten, dazwischen entstanden feste Sitze der Adligen. Sie lebten das ganze Jahr über auf Reisen zwischen diesen verschiedenen Plätzen innerhalb ihres Landes. Die wichtigsten wurden zu Pfalzen ausgebaut – Bauernhütte und Pfalz waren also die Lebensräume der beiden wichtigsten Klassen der Feudalgesellschaft. Innerhalb einer solchen landwirtschaftlich

Ingelheim, Kaiserpfalz Karl des Großen im 9. Jh.

ausgerichteten Ordnung bedurfte es kaum großer Handelszentren, wie sie die Alte Welt gekannt hatte. Man lebte vom Feld und für den Fronherrn, der seinerseits das Lebensnotwendige von den Bauern abverlangte, und zu seinen Kriegszügen nahm er sie selbst mit.

Wir sagten schon, daß an den wichtigen Plätzen des Feudalreiches Pfalzen entstanden – es waren immer strategisch entscheidende Punkte, wie zum Beispiel Aachen. Karl der Große ließ hier seine Pfalz erbauen, der bald weitere ähnliche Kaisersitze im Lande folgten. In Ingelheim – westlich von Mainz gelegen – hat man eine dieser karolingischen Kaiserpfalzen so rekonstruiert, daß wir den Aufbau eines frühfeudalen Herrschersitzes erkennen. Da sind zunächst die großen Bauten für die Hofhaltung, wozu auch die Kirche innerhalb der Pfalz gehörte, ja, sie war der eigentliche Hauptbau, um die religiös bestimmte Politik des Kaiser zu demonstrieren. Daran schließen sich Versammlungsbauten und Wohnstätten für den Hofstaat an. Vor allem aber bildet das gewaltige Heerlager mit Ställen für Pferde und Kriegsknechte und Lagerbauten für die Handwaffen ein ganzes Festungssystem, aus dem heraus man sich im Falle eines Angriffes gut verteidigen konnte. In einigen Pfalzen war die Kirche in der Mitte besonders befestigt, denn sie barg die Schätze und Insignien des Reiches und Feudalherrn. Die Pfalz ist also ein Vorläufer der späteren Festung. Unter Otto I. und schon unter seinem Vater Heinrich I. waren in unserem Gebiet derartige Anlagen entstanden – die Pfalz Heinrichs I. ist der Ursprung der Stadt Quedlinburg.

Karl der Große war Kaiser und oberster Kirchenherr. Später erlangten die Bischöfe neben den Königen und hohen Adligen einen ähnlichen Rang und erweiterten allmählich ihre ursprünglich nur geistliche Macht. Sie gingen mit dem Adel gemeinsam an die Unterwerfung der noch nicht christianisierten Stämme. Während die Pfalzen immer mehr zu militärischen Stützpunkten wurden, erlangten die Klöster eine weiterreichende Bedeutung für die Kolonisierung. Die Mönchsorden hatten nämlich nicht nur Spezialisten für die Religion in ihren Reihen, es gab unter ihnen eine ganze Menge hochgebildeter Männer, die sich im Ackerbau, in der Viehzucht, aber auch im Bau von Häusern oder in der Anlage von Bewässerungssystemen auskannten. Sie sammelten in den Klöstern Bauern, mit deren Hilfe sie eine höhere Form der Feld- und Viehwirtschaft einführen konnten. Da die Mönche zudem des Schreibens und Lesens kundig waren, hatten sie bald die Kommandogewalt über Bauern und Knechte.

Es ist wichtig, festzustellen, daß gerade diese klösterliche Kolonisation des Landes einen echten Fortschritt bedeutete gegenüber den Kriegszügen der Könige und anderer Feudalherren. Dabei zeigten die Klosteranlagen Baugestalten und Organisationsformen, die man als eine Vorstufe späterer städtischer Einrichtungen ansehen kann. Selbstverständlich war die Kirche das eigentliche zentrale Gebäude, um das herum sich die Baulichkeiten gliederten, die überhaupt erst das Zusammenleben einer in den Klöstern bisweilen umfangreichen Gemeinschaft ermöglichten. Neben Schlaf- und Speisestätten mußten die Lebensmittel und Geräte gelagert werden, Stallungen für Vieh und Scheunen waren notwendige Bauwerke. Solche Klöster hatten nicht selten einen großen Besitz an Ländereien, die verwaltet und bestellt sein wollten. Wenn wir uns vor Augen führen, daß im 8. Jahrhundert das Kloster Fulda etwa 15000 Bauernhöfe sein eigen nannte, so können wir uns vorstellen, welchen Umfang nicht nur an Gebäuden, sondern auch an wirklicher Macht die Klöster besitzen konnten.

Im Laufe des 10. und 11. Jahrhunderts wurden die feudalherrlichen Hofhaltungen immer aufwendiger, wegen der Machtkonkurrenz brauchten die Könige und Bischöfe immer mehr Bauern, Handwerker und Kriegsknechte. Alle diese Arbeitskräfte siedelten sie nahe bei ihrer Burg oder ihren Domen und Klöstern an, um jederzeit und schnell über diese Leute verfügen zu können. Mit den Arbeitskräften aber kamen deren Familien, und sie erbauten Hütten und Ställe. Bald zeichnete sich so ein erstes Bild der frühen Feudalstadt neben der Pfalz, der Burg oder dem Bischofssitz ab. Während diese Bauten aus Stein errichtet groß und weithin sichtbar aufragten, entstanden die Hütten der Gefolgsleute und Knechte aus Holz, Lehm und Stroh. Bereits mit der ersten feudalstädtischen Siedlung wurde also auch ihre soziale Gliederung ablesbar.

Aus der Antike kennen wir noch eine andere

Form der Stadtentwicklung, die in umgekehrter Reihenfolge vor sich ging. Hier waren zuerst die Händler und Handwerker da, und erst später kam ein adliger Stadtherr hinzu. Schon vor der Zeitwende durchzogen wichtige Handelswege die mitteleuropäischen Länder. Berühmt war die Bernsteinstraße. Von den Römern viel benutzt, führte sie von Venedig bis an die Ostseeküste beim heutigen Gdańsk und von da aus weiter in die baltischen Lande. Ebensolche Verbindungen gab es von West nach Ost. Die Salzstraße des Mittelalters läßt sich jetzt noch im Straßennetz der thüringisch-sächsischen und polnischen Landschaft verfolgen. Wo sich derartige Handelswege kreuzten, wo die Fernhändler sichere Orte ausgemacht hatten, die sie vor feindlichen Stämmen schützten, da bildeten sich im Laufe der Zeit Tauschplätze heraus, Märkte, zu denen bald auch die Bauern der näheren Umgebung kamen.

Einige Händler ließen sich zunächst an solchen Orten nieder, andere kamen hinzu, die ersten Handwerker fanden sich ein, um Häuser zu errichten. Es bildete sich ein Marktflecken. Das blieb natürlich dem Feudalherrn nicht verborgen. Entweder begab er sich selbst an solch einen Ort, um auch für sich einen Teil der Waren einzunehmen, oder er beauftragte einen seiner Hofleute, als Vogt für ihn Steuern und Waren von den Händlern einzutreiben – zunächst Waren, denn erst im 12. und 13. Jahrhundert begann man, Münzen als Zahlungsmittel zu verwenden und zu prägen. Neben dem Markt entstand also bald eine Vogtei.

In beiden Formen frühstädtischer Siedlungen spielte in unserer Landschaft der Kirchenbau eine wesentliche Rolle. Die Kirche war in den meisten Fällen das einzige aus Stein errichtete Gebäude. Nun diente sie aber nicht allein als Symbol der neuen Religion, unter deren Vorzeichen slawische und andere Stämme christlich kolonisiert werden sollten. Im Kriegsfalle – und das war nicht selten – bot der Steinbau eine viel sichere Zuflucht als etwa die Holzhütten der Bauern und Händler, die alsbald verbrannten. Außerdem ließen sich in dem für damalige Begriffe großen Raum der Kirche die Güter und selbst das Vieh bergen! Das wissen wir aus späteren, mittelalterlichen Geschichtszeugnissen. In Stralsund zum Beispiel stapelten die Kaufleute während der Kriegszeiten ihre Waren in den großen Kirchen. Genau wie die Klöster befestigten nun auch viele Marktflecken, ja selbst die Bewohner von Dörfern ihre Kirchen und umgaben sie mit wehrhaften Mauern. Derartige Wehrkirchen oder befestigte Kirchhöfe blieben aus dem späteren Mittelalter auch bei uns erhalten, zum Beispiel in Rohr bei Meiningen, in Walldorf an der Werra, in Großrückerswalde oder in Karl-Marx-Stadt-Ebersdorf. Die Bewohnerschaft einer ganzen Siedlung konnte in diesen spätmittelalterlichen wie in den frühmittelalterlichen Wehrkirchen Zuflucht nehmen und dabei Tiere und Nahrungsmittel mit unterbringen.

Eine dritte Form der Stadt schließlich wuchs auf

Römische Militärstadt

den Grundmauern der spätantiken römischen Städte – am ausgeprägtesten natürlich in den südeuropäischen, also griechisch und römisch antiken Ländern. Aber auch im Norden hatten die Römer Militärstützpunkte. An diesen Plätzen blieb durch die vormittelalterlich-naturalwirtschaftliche Zeit hindurch ein Stück jener spätantiken städtischen Tradition erhalten. Eine Reihe von römischen Bauwerken bestanden bei der germanischen und slawischen Inbesitznahme jener Länder fort. Vielfach nutzte man die römischen Bauten weiter und errichtete auf oder an ihnen eigene mittelalterliche Bauwerke. In Trier und Köln, um nur zwei der römisch begründeten Städte zu nennen, blieb so das Antike sogar recht lebendig.

Die Militärlager – die ja an der Nordgrenze des Römerreiches neben der Aufgabe der Grenzsicherung auch, für Römer wie für die ansässigen Stämme, die Rolle von Kulturzentren hatten – diese Soldatenstädte erlangten nach Abzug der Römer eine neue Bedeutung als christliche Siedlungszentren. Sie wurden Sitze von Erzbischöfen und Bischöfen. Im Siedlungsgebiet der großen mitteleuropäischen Ströme können wir jene römische Grenze und die neue städtische Entwicklung verfolgen: in Xanten, Köln, Mainz, Trier oder an der Donau in Regensburg, Passau und Wien bis hin nach Budapest, wo man neben den frühmittelalterlichen städtischen Bauwerken römische Grundmauern ausgegraben hat.

Fassen wir also zunächst einmal zusammen: Die frühstädtischen Siedlungen bildeten sich aus dem

Sitz eines Herrschers, an einem Handelsplatz oder in der Nachfolge römischer Militärstädte.

Karl der Große hatte für die Kolonisierung Sachsens – wir wissen das aus der sogenannten Translatio Santi Liborii, einer Schrift des 9. Jahrhunderts – Städte dort anlegen lassen, wo der Boden fruchtbar, bereits eine Besiedlung vorhanden war und sich wichtige Handelswege kreuzten. Bereits in dieser frühen Zeit hatte also ein Herrscher günstige Bedingungen für die Entwicklung einer Stadt erkannt. Dabei beachtete der Kaiser für Städtegründungen auch die Lage natürlicher Wasserstellen oder Heilquellen. Man legte sogar fest, für welches Gebiet eine zu erbauende Stadt der Mittelpunkt zu sein habe: Quedlinburg zum Beispiel erhielt im Jahre 944 zusammen mit dem Marktrecht, das der Stadt unter Aufsicht eines Vogtes einen eigenständigen Handel erlaubte, die Zusicherung, daß bis zur Saale und Unstrut, Oker und Bode kein anderer Markt angelegt werden dürfe. Diese Stadt war damit zum Herzen einer Landschaft geworden.

## *Die Gestalt der Stadt im Mittelalter*

Wenn wir es in der sachlichen Sprache der Historiker ausdrücken, sagen wir, die Stadt ist eine Folge der einfachen Warenwirtschaft. Mit ihrer Bildung zeichnet sich nicht nur die Teilung in ländliche und städtische Arbeit ab; mit der weiteren Verselbständigung der Berufe von Händlern und Handwerkern beginnt sich auch das städtische Bürgertum zu entwickeln.

Verfolgen wir einmal das Entstehen und Wachsen von bedeutenden mittelalterlichen Städten in unserem Land wie Magdeburg, Mühlhausen und Stralsund. Versuchen wir, uns an Hand ihrer Geschichte ein Bild vom Aussehen jener Städte und vom Leben in ihren Mauern zu machen.

Alte Urkunden erwähnen da, wo heute Magdeburg steht, einen Handelsplatz, an dem Franken und Slawen miteinander Waren tauschten. Den Elbübergang sollen Reiter Karls des Großen durch ein Kastell gesichert haben. Das war wohl nur ein Erdwall mit hölzernen Palisaden, hinter dem sich das Lager der Krieger befand. Immerhin deutet uns eine solche Nachricht an, daß schon am Beginn des 9. Jahrhunderts ein lebhafter Austausch über die damalige Grenze zwischen dem slawischen und dem fränkischen Reich stattfand. Eine noch größere Bedeutung erlangte die Pfalz dann unter Otto I., denn nun wurde sie der Stützpunkt für die Christianisierung und Kolonisierung der slawischen Stämme bis hin zur Oder. Viele von ihnen nahmen auch freiwillig den neuen Glauben an, denn für die slawischen Fürsten brachten die von Mönchen übermittelten neuen Kenntnisse in der Nahrungserzeugung und Landwirtschaft und schließlich auch der weiterreichende Handel Gewinne.

968 erhob Otto I. Magdeburg zum Sitz eines Erzbischofs. Das bedeutete für einen unscheinbaren Ort, der Magdeburg zu jener Zeit äußerlich noch gewesen sein dürfte, etwa so viel, wie wenn heute eine Landgemeinde plötzlich zur Bezirkshauptstadt er-

nannt wird. Ein umfangreiches Bauen setzte ein, um all die neuen Einrichtungen unter Dach und Fach bringen zu können. Man brauchte dazu vor allem Menschen, die mit Bauwerkzeugen und Materialien umzugehen verstanden. Zunächst ließ der Erzbischof einen mächtigen Dombau beginnen. Dazu holte er erfahrene Meister und Handwerker aus Landschaften, in denen man bereits große Kirchen errichtete, aus dem Gebiet des heutigen Frankreich und aus dem südwestdeutschen Raum. Mit ihnen kamen Handwerker und auch Kaufleute hierher und siedelten sich nördlich der Domburg rings um den älteren Marktflecken an. Neben der Domstadt entstand also eine Marktstadt. Um nicht mehr ausschließlich unter der Domburg und damit unter den wachsamen Augen des Erzbischofs den Elbstrom durchqueren zu müssen, legten die Händler an ihrer Siedlung eine weitere Furt an, da, wo heute die Elbbrücke den Fluß überspannt. In der Dom- wie in der Händlerstadt siedelten aber auch Klöster, denn die Baumeister und Schriftkundigen waren vorwiegend Mönche. Wo sie für eine Stadtsiedlung eine Kirche zu bauen hatten, errichteten sie alsbald auch ein eigenes Kloster. Wie die Mönche kamen auch die Kaufleute aus aller Herren Länder, da gab es Juden und Friesen, Syrier und Sachsen in bunter Mischung, und mit ihnen gemeinsam lebte die slawische Händlerschaft und Landbevölkerung, die gleichfalls einen Teil der Bewohnerschaft der entstehenden Stadt darstellte.

Stadtherr war der oberste Feudalherr – in Magdeburg der Erzbischof. Als Stellvertreter des Königs war er den Grafen gleichgestellt und besaß nahezu unumschränkte Macht. Im 11. Jahrhundert brachte es ein Graf auf beinahe eintausend Pfund Silber-Einnahme im Jahr, eine beträchtliche Summe. Der Bischof von Würzburg hatte in seiner Diözese sämtliche Grafenämter selbst inne! Wir können uns kaum vorstellen, welcher Reichtum sich auf diese Weise in der Hand und am Sitz eines Erzbischofs ansammelte! Eine Stadt wie Magdeburg konnte besonders rasch wachsen, hier kamen zum Erzbistum noch die Gewinne aus dem weitreichenden Fernhandel hinzu – nicht umsonst hatten sich bereits die Karolinger unmittelbar neben dem Handelsmarkt niedergelassen.

Wie sah die Stadtsiedlung aus?

Bleiben wir bei Magdeburg. Rings um den ottonischen Markt standen bereits große turmähnliche Steinhäuser. In ihnen wohnten die Ministerialen des Königs, die den Handel zu überwachen hatten – also von den Kaufleuten Geld eintrieben. Nachdem ein Teil dieser Summen in ihren Taschen verblieb, lieferten sie Münzen und Waren an den obersten Feudalherrn weiter. In den anschließenden Straßen standen die Wohn- und Speicherbauten der Kaufleute, und es gab wohl auch schon einen großen Steinbau, in dessen hallenartigem Innenraum wichtige Amtshandlungen, vielleicht auch ein Teil der Handelsgeschäfte abgewickelt worden sind.

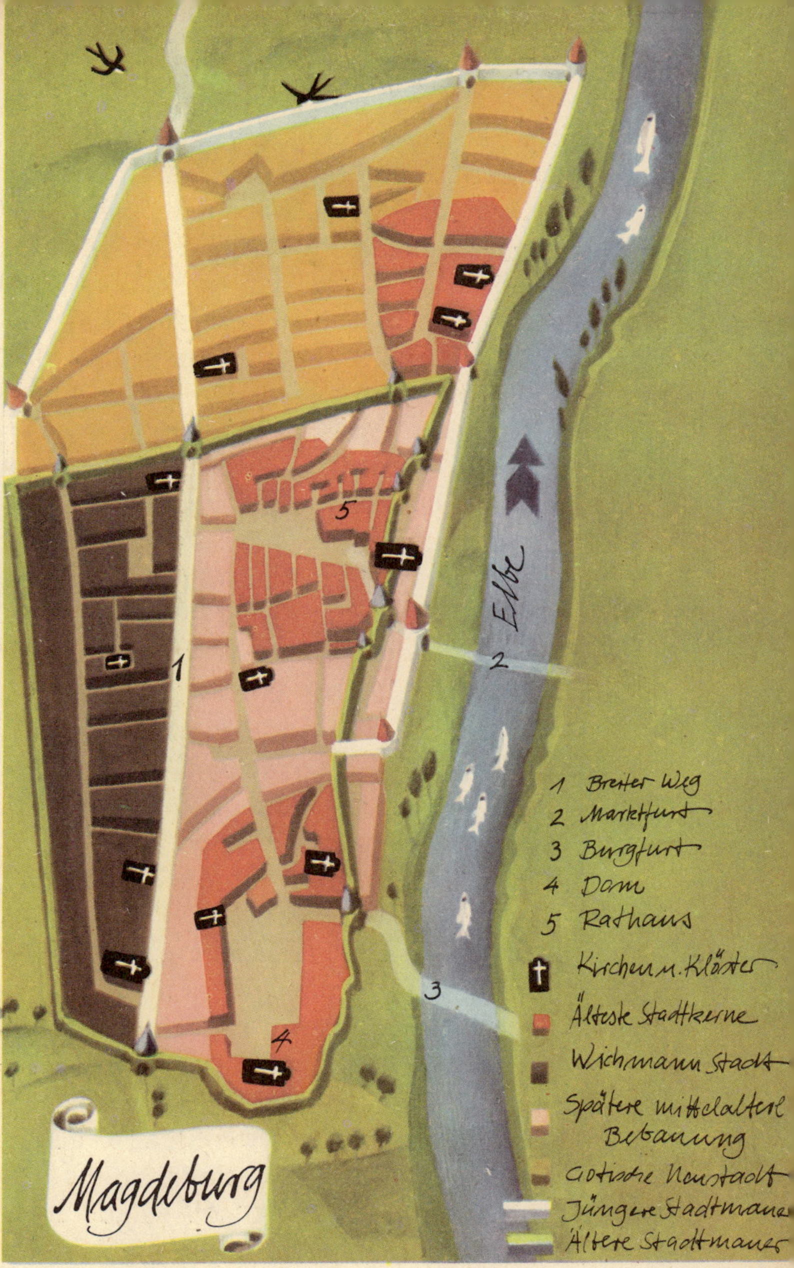
Magdeburg
Elbe
1 Breiter Weg
2 Marktfurt
3 Burgfurt
4 Dom
5 Rathaus
Kirchen u. Klöster
Älteste Stadtkerne
Wichmann Stadt
Spätere mittelalterl. Bebauung
Gotische Neustadt
Jüngere Stadtmauer
Ältere Stadtmauer

Wir sprachen von den turmähnlichen Wohnbauten der Ministerialen. Solche hohen Gebäude haben ihre Vorbilder in den Wehrtürmen der Burgen. Die Geschäfte gingen damals nicht immer reibungslos vonstatten, und nicht selten kam es zu handfesten Auseinandersetzungen auch zwischen den Kaufleuten und den Ministerialen, wenn es um den Gewinn ging! Die Adligen zogen sich dann über hohe Leitern in ihre Türme zurück. Aus den oberen Geschossen konnten sie sich mit Pech und Feuer verteidigen und notfalls auch die Holzbuden der Händler niederbrennen, ohne selbst in Flammen aufzugehen. Später, als ihre Macht zunahm, bauten sich auch die reichen Kaufleute derartige Eigenbefestigungen in den Städten. In Regensburg hat sich eine ganze Reihe dieser Türme erhalten. Sie stehen heute noch zwischen den viel jüngeren Handels- und Bürgerhäusern an den Hauptstraßen der Altstadt. Auch in Magdeburg konnte man bei Ausgrabungen nach dem zweiten Weltkrieg das Vorhandensein dieser Wohntürme in der Gegend um den alten Markt nachweisen.

Noch aber fehlten der Marktsiedlung zwei Voraussetzungen zur Stadt – die eine ist gesellschaftlicher, die andere daraus folgend baulicher Struktur. Erst im Verlauf des 10. und 11. Jahrhunderts bildete sich aus einzelnen Händlern, Handwerkern und anderen Siedlern allmählich eine städtische Gemeinschaft, die eine Vorstufe des Stadtbürgertums darstellte. Damit begann sich die Stadtsiedlung deutlich zu gliedern: Es entstanden die Wohnquartiere der Kaufherren – meist in der Nähe des Marktplatzes –, an bestimmten Straßen siedelten sich die Handwerker an, und die Tagelöhner wohnten ebenfalls in bestimmten Quartieren der Stadt. Daneben und durch ein Stück unbebautes Land getrennt lag die erzbischöfliche Burg mit dem Dom, auf der anderen Seite im Norden der Marktsiedlung gab es eine königliche Burgmannensiedlung, in der sich der oberste Feudalherr eine schlagkräftige Truppe hielt. In Magdeburgs Geschichte zeigt sich auch, daß im 11. Jahrhundert die ursprüngliche Eintracht von Kaiser und Erzbischof zerfiel, denn ihre Machtinteressen begannen sich zu überschneiden. Um die Fäden wieder fest in die Hand zu bekommen, ernannte der Kaiser Friedrich I. gegen den Willen des Domkapitels den ihm ergebenen Grafen Wichmann von Seeburg zum Erzbischof von Magdeburg. Seit 1152 wurde er einer der wesentlichen Schöpfer des Magdeburger mittelalterlichen Stadtbildes. Im Magdeburger Dom können wir die bronzene Grabplatte mit dem mittelalterlichen Bildnis dieses wohl mächtigsten Stadtherrn betrachten.

Wichmann hatte bald erkannt, daß die eigentliche Kraft der Stadt nicht bei den Steuereinnehmern, sondern bei den Kaufleuten lag. Sie brachten mit ihrer Arbeit Handel, Wandel und Gewinn. So unterstützte er die Kaufherren nicht nur, indem er ihnen Land innerhalb des städtischen Raumes zum Bauen gab; unter seiner Anleitung entstanden auch die ersten Zusammenschlüsse innerhalb der Kaufmannschaft zu Innungen. Vor allem aber milderte er die feudale Gerichtsbarkeit, die dem Handel hinderlich wurde. Gewiß gab es solche weitblickenden Herrscher nicht nur in Magdeburg. Ihre Taten sprachen sich herum, und Orte, an denen sie residierten, hatten einen entsprechenden Zulauf von Siedlern und Händlern.

In Magdeburg entstand nun westlich der drei Siedlungskerne um den Dom, den Markt und die Burgmannensiedlung eine lange breite Straße, an der sich zugereiste Händler Kaufhöfe bauten. Dieser mittelalterliche „Breite Weg“ spielte die Rolle einer Magistrale, er war Markt, Handelszentrum und Durchgangsstraße von Nord nach Süd. Auf seiner östlichen Seite lagen die älteren Kulturbauten der Domkirche, der Klöster und der frühen städtischen Verwaltungseinrichtungen aufgereiht, auf der westlichen Seite entstanden in ganz kurzer Zeit Handelshöfe mit großen Warenlagern. Im Zuge der heutigen Karl-Marx-Straße zeichnet sich noch jenes Zentrum ab.

Schließlich bildete die Ummauerung der ganzen Stadt den Abschluß ihrer Entstehung – wobei der Burgmannenbezirk außerhalb der Befestigung belassen wurde. Mit der Förderung des Gemeinwesens aber hatte der Stadtherr selbst die Weiche für eine Entwicklung gestellt, die sich schließlich gegen ihn richten mußte. Die Bürger lebten nun mit dem Erzbischof in ein und derselben befestigten Siedlung, vom Kaiser hatten sie sogar das Recht erhalten, über die Verteidigungsanlagen zu verfügen. Als erstes waren damit die Burgmannen unwichtig geworden, und schließlich verlor auch die ältere Ummauerung des Dombezirks immer mehr von ihrer einstigen Bedeutung. Der Handel brachte dem Patriziat bald so hohe Gewinne ein, daß es dem Burggrafen dessen bisheriges Entscheidungsrecht in städtischen Angelegenheiten abkaufte.

Reiche Städte blieben natürlich nicht vor Kriegen und Bränden verschont – auch Magdeburg machte hierin keine Ausnahme. Immer wieder brannten in diesen Fachwerkstädten, wo das Holz der beherrschende Baustoff war, einzelne Häuser oder ganze Quartiere ab. Neue Stadtherren kamen und ließen bauliche Veränderungen vornehmen. Der Erzbischof Albrecht II. erteilte den Auftrag, nördlich der Magdeburger Altstadt eine gotische Neustadt anzulegen, in der nun auch die frühe Burgmannensiedlung völlig aufging. Vergleichen wir einmal die Grundrisse beider in unterschiedlichen Jahrhunderten erbauten Stadtteile miteinander, so erkennen wir den Unterschied zwischen einer romanischen Feudalstadt und der frühbürgerlich gotischen Anlage des 12. und 13. Jahrhunderts:

In der älteren Stadt lagen die einzelnen Komplexe nebeneinander und bildeten in sich abgeschlossene, inselartige Kerne. Im Laufe der Zeit wurde das Gelände zwischen ihnen unregelmäßig bebaut. Ihre Anlage war ebenso unterschiedlich; die Domburg zeigte eine etwa fünfeckige Gestalt, die Marktsiedlung nördlich davon hatte den schon typischen viereckigen Grundriß, und die Burgmannensiedlung bildete fast noch eine Art Rundwall – zumindest in ihrer ursprünglichen Form. Schon Wichmann hatte eine viel geschlossenere Stadterweiterung beginnen lassen. Zwischen 1152 und 1192 entstand die Kaufmannssiedlung am „Breiten Weg". Man hielt sich noch an die vorhandenen Grundstücksgrenzen der Klöster und an Wege, die zur eigentlichen Hauptstraße hinführten. Die nördliche, gotische Neustadt aber entstand dann in viel einheitlicherer Form. Man begradigte jetzt einfach die gewundenen Wege und Pfade und steckte zwischen ihnen regelmäßige Quartiere ab, in denen die Häuser gebaut wurden.

Denken wir zurück an die Kolonistenstadt der Römer: Auch dort gab es solche Rastersysteme, wie sie der Städtebauer heute nennt. In Magdeburg konnte man gewiß keine Römerstadt nachbauen, denn bis hierhin waren die südländischen Krieger gar nicht gekommen. Eine solche Stadtanlage war einfach leicht zu überblicken, war zweckentsprechend, und deshalb baute man so.

Warum? Je mehr Siedler in eine Stadt kamen, desto rarer wurde das Bauland, denn jeder wollte mit seinem Haus möglichst nahe der Straße sein. So kam es, daß die Grundstücke zur Straßenseite hin sehr schmal ausfielen, während sie sich nach rückwärts weit ausdehnten. Gliederte man den Stadtraum in Gevierte, so bot sich die Möglichkeit, entlang den parallelen Hauptstraßen Grundstücke in dichter Folge einzuteilen. Die Verbindungsgassen zwischen

den Hauptstraßen waren wichtig, denn sie kürzten die Wege von der einen zur anderen Hauptstraße – sie führten also immer zwischen den längsgerichteten Grundstücken hindurch. Noch heute läßt sich dieser Aufbau der mittelalterlichen Stadt in vielen alten Städten feststellen, zum Beispiel in Stralsund, Greifswald oder Mühlhausen.

## *Die Stadt – eine Festung*

Wir hatten gesehen, daß die Bürger ihre Stadt mit einer Mauer umgaben, um sich gegen Angriffe von außen verteidigen zu können. Eigentlich ist die Befestigung genauso alt wie die Stadt selbst – erinnern wir uns: Die alten Babylonier hatten ja bereits ihre Siedlung wehrhaft angelegt. Wie die Städte wuchsen und sich allmählich ausdehnten, so auch ihre Mauern. Zunächst um den Stadtkern, dann um die einzelnen Erweiterungen wurden Festungswerke aufgeführt. Davor legten die Bürger vielfach Wälle und Gräben an. Wo kein natürlicher Wasserlauf vorhanden war, leitete man die Abwässer aus den Häusern und Straßen in solche Gräben.

Um eine solche Wehranlage in nahezu ursprünglichem Zustand kennenzulernen, besuchen wir Neubrandenburg. Hier blieben nicht nur Mauern, Gräben und Wälle rings um die kreisförmig erbaute Altstadt erhalten, hier finden wir auch die wichtigsten Bauwerke einer mittelalterlichen Stadtbefestigung, die Tore. An ihrer Architektur können wir ablesen, wie sich die Verteidigungs- und Angriffstechniken im Laufe der mittelalterlichen Jahrhunderte veränderten.

Zuvor aber soll uns noch interessieren, wer eigentlich die Stadt verteidigte, wenn sie angegriffen wurde. Das hatten die Bürger selbst zu besorgen, denn sie verfügten nicht über Kriegsknechte wie die Feudalherren. Die Wehrarchitektur um eine mittelalterliche Stadt ist also immer ein Zeichen für ihre Selbständigkeit und Unabhängigkeit. Im Kriegsfall hatte nun jeder Bürger einen für ihn vorgesehenen Posten innerhalb der Festungsanlage einzunehmen.

Eine solche Stadtmauer war im frühen Mittelalter sehr hoch, damit die Angreifer nicht mit Leitern darübersteigen und Wurfgeschosse über die Wehr hinweg in die Stadt schleudern konnten. An der Innenseite der Mauer gab es meist einen oberen Wehrgang, von dem aus die Verteidiger Pech, brennendes Holz und Steine auf die Angreifer warfen. Dicke Türme befestigten die Zugänge zur Stadt, die so eng bemessen waren, daß gerade ein beladener Kaufmannswagen hindurchpaßte. Mit schweren Holzflügeln und Gittern konnte man sie verschließen.

Nun entwickelte sich aber nicht nur die städtische Gemeinschaft und ihre Wehrhaftigkeit. Auch die Angreifer kamen auf neue Ideen in der Kriegstechnik und verbesserten ihre Waffen. Schwere Rammböcke machten es möglich, Breschen in die Mauer zu schlagen. Als am Ende des 14. Jahrhunderts die ersten Feuerwaffen aufkamen, zwang dies die Verteidiger, ihre Befestigungen den neuen Bedingungen anzupassen. Bisher hatten die Wurfgeschütze nach den Gesetzen der Schwerkraft funktioniert und die Steingeschosse einfach über die Mauer hinweg senkrecht auf die Häuser befördert. Die von der Pulverexplosion beschleunigten Kugeln vermochten dagegen halbmeterdickes Gemäuer zu zerschlagen – und zwar aus der Horizontalen. Also mußte man die Mauer dicker bauen; bis zu zwei Metern mißt das Steingefüge um manche alte Stadt. Zugleich erkannte man, daß es vorteilhaft war, die Kanonen der Gegner gar nicht erst bis vor die Mauer vorrücken zu lassen. Da ihre Geschosse noch keine hundert Meter weit flogen, genügte es, Sümpfe und Gräben vor den Mauern zu verbreitern, über die die schweren Kanonen kaum transportiert werden konnten. Wer sich hier dennoch festzusetzen gedachte, der geriet selbst in das Schußfeld der Verteidiger und ihrer Kanonen. Auch die Tore wurden entsprechend um- und ausgebaut. Zunächst nach oben, um eine bessere Übersicht über das erweiterte Vorfeld der Stadtmauer zu erhalten. Dann mußte man die Gräben und Wälle überbrücken. Das geschah durch Holzkonstruktionen und Dämme, deren Flanken durch Mauern befestigt wurden. Den Beginn der Stadtzufahrt sicherte man vor den Mauern durch ein Vortor, so daß eine bisweilen an die hundert Meter lange befestigte Gasse an das eigentliche innere Stadttor heranführte. Diese Zwinger genannte Anlage baute man zuweilen sogar in kurviger Form,

---

Das Friedländer Tor in Neubrandenburg mit Turm, Zwinger und Zingel

Neubrandenburg

um eine schnelle Passage der Einfahrt zu verhindern. Das Marientor in Naumburg ist dafür ein schönes Beispiel. Doch bleiben wir auch hier in Neubrandenburg, wo sich drei solche Torfestungen erhalten haben. Eine von ihnen zeigt uns sogar neben der mittelalterlichen die danach folgende Wehrtechnik, den Bau eines Zingels, in anderen Gegenden auch Barbakane genannt. Was ist das? Gehen wir zum Friedländer Tor nahe dem Neubrandenburger Bahnhof. Vor dem Zwinger steht ein etwa halbrunder hoher Ziegelbau, der aussieht wie ein Turmunterteil, dem die der Stadt zugewandte Seite fehlt. Mit diesem Bau hatte es folgende Bewandtnis: Für die im 16. Jahrhundert immer schwereren und weiterreichenden Kanonen brauchte man stabile und geräumige Aufstellflächen. Die Tore waren stets das Hauptziel für die schweren Waffen der Angreifer – also mußten sie auch besonders und mit ebenso schweren Waffen verteidigt werden. So baute man noch vor die Vortore die halb- bis dreiviertelrunden Zingel. In ihren meterdicken Mauern sparte man schmale Schießöffnungen für die Kanonen aus. Von diesem Bollwerk aus konnte man so den gesamten Dreiviertelkreis vor dem Tor und rechts und links die anschließenden Befestigungsflanken erreichen. Batterietürme also waren diese Zingel – genau wie bei großen Festungen.

Innerhalb der Mauer baute man die Wehrgänge und die dazwischenstehenden Türme weiter und höher aus, sie erhielten Dächer und auch Zinnen. Plattformen kamen – je nach der Mauerführung und besseren Übersicht – an der Innen- oder auch oberen Mauerkante hinzu, um leichtere Kanonen aufstellen zu können. Ein nahezu vollendetes System der Verteidigung umgab also die Stadt.

Nun finden wir aber gerade an den meistgefährdeten Stellen, den Toren, oft die kunstreichsten Gestaltungen. War das sinnvoll, wo sie doch zuerst beschädigt wurden? Wir müssen uns hier indes vor Augen führen, daß die Stadtmauer ja neben der kriegerischen noch eine zweite wichtige Funktion hatte. Sie sollte auch den Reichtum, die Bedeutung und die weitreichende wirtschaftliche Kraft der jeweiligen Stadt zur Schau stellen. Wie man die Kanonen und Gewänder der Krieger oft genug verzierte und schmückte, so ließ man auch den Wehrbauten eine künstlerische Gestalt geben. Meist waren die Baumeister der großen Kirchen und Rathäuser, der reichen und schmuckfreudigen Bürgerhäuser zugleich Erbauer der Wehrarchitekturen. Festungsbau war eine Kunst, und große Meister jener Jahrhunderte befaßten sich immer wieder mit derartigen Bauaufgaben. Leonardo da Vinci gehörte zu den bedeutendsten Künstlern jener Epoche, Dürer setzte sich zumindest zeichnerisch mit den Fragen der Kriegsbaukunst auseinander. In Magdeburg baute der Ingenieurhauptmann und Festungsarchitekt Heinrich Schmutze am Ende des 17. Jahrhunderts in der damaligen Festungsstadt das mittelalterliche Rathaus in schönen Barockformen um – und bis an den Beginn des vorigen Jahrhunderts können wir an den Wehrbauten immer wieder verfolgen, mit welchem Kunstreichtum sie entworfen und teilweise auch verwirklicht worden sind.

Im mittelalterlichen Mühlhausen gab es neun Torbefestigungen und zwei Stadtmauern, eine innere rings um die eigentliche Stadt, den heutigen Stadtkern, und eine weniger starke äußere. Beide Mauern zusammen besaßen 59 Türme! Dazu kamen die zahlreichen hohen Turmbauten der Kirchen und die Rathaus-Turmspitze, so daß die Stadt einst von nicht weniger als 83 Türmen überragt wurde. Das muß ein wahrhaftig gewaltiges Bild gewesen sein. Viele Maler haben solche Stadtansichten immer wieder im Bild festgehalten und uns damit einen Eindruck vom Aussehen der Stadt im späten Mittelalter hinterlassen.

## *Bauwerke in der mittelalterlichen Stadt*

Türme, Kirchen und Ratsbauten prägten das Fernbild jener alten Städte. Auch heute sind in vielen unserer historischen Städte die mittelalterlichen Bauwerke das, was sich für uns zum unverwechselbaren Bild zusammenfügt. An ihnen erkennen wir, daß es sich um Tangermünde, Rostock, Merseburg oder Erfurt handelt. Aus diesem Grunde entstanden sie auch einst in all ihrer Vielgestaltigkeit, denn sie alle – ob Kirche, Burg, Rathaus oder Stadtturm – hatten eine ähnliche Doppelfunktion wie die Wehrbauten: Sie dienten den ihnen eigenen Zwecken in-

---

Das Straßburger Münster

nerhalb der Stadt und hatten deren Rang nach außen hin im Stadtbild auszudrücken.

Wir sagten weiter vorn schon, daß die Kirche der erste und oft über Jahrhunderte einzige steinerne Bau innerhalb der frühmittelalterlichen Stadt war. Später kamen Klöster, ein Rathaus und Kaufherrenhöfe, Patrizierbauten hinzu, die nun ebenfalls aus Feldsteinen, behauenem Naturstein oder Backsteinen erbaut wurden, je nachdem, was an Baumaterial in der Landschaft vorhanden war.

Die Kirche war das größte und wohl auch erste künstlerisch gestaltete Gebäude jeder Stadt; ein religiös bestimmter und geprägter Bau, angelegt für die christliche Versammlung der Gläubigen, für Prozessionen. Und doch war sie mehr. Mit der Verselbständigung des städtischen Bürgertums bildete dieser Kirchenraum immer stärker auch eine Darstellung neu gewonnener städtisch-bürgerlicher Bedeutung und Macht: Der Rat und reiche Patrizier ließen sich hier eigene prächtige Gestühle und Logen bauen, die ihren Rang innerhalb der Gemeinschaft unterstreichen und hervorheben sollten. Als es noch keine eigenen Rathäuser gab, hatte auch der Rat bisweilen in der Kirche getagt. Baumeister und Bildkünstler wurden geholt und blieben in den Städten, um die Kirchen nach der neuesten Bautechnik hochzumauern und innen prachtvoll auszuschmükken. Besonders in den figurengeschmückten Portalen, Fassaden und hohen Türmen unterstreicht der Kirchenbau im Stadtbild seine Vorrangstellung. Bis an die hundert Meter trieben hervorragende Baumeister das filigrane Spitzenwerk der Türme empor – wie Erwin von Steinbach im späten 13. Jahrhundert in Straßburg und am Freiburger Münster – nachdem in Frankreich, Holland und England gewaltige Kathedralen entstanden waren. Die feingliedrigen Kunstformen der Gotik mit ihrem architektonischen und plastischen Reichtum hatten die geometrischen Formen der Romanik abgelöst. Es entwickelte sich geradezu eine übersteigerte Freude an Formen, zu denen man mit Hilfe mathematischer und erster elementarer statischer Erkenntnisse gelangte, die in den Bauhütten der großen Domkirchen als strenges Geheimnis gehütet wurden.

Mit dem Ausbau der Städte waren die Feudalsitze der Stadtherren immer mehr an den Rand des Gemeinwesens gerückt. Dabei wuchsen innerhalb der Mauern die Spannungen zwischen Bürgern und Stadtherren auf Grund der unterschiedlichen Interessen. Während die Stadtherren keine Gelegenheit vorübergehen ließen, die eigenen Einkünfte und Gewinne aus dem städtischen Handel zu erweitern – oft mußten die Bürger sogar neue Burgen und Paläste für Könige, Fürsten und Vögte in ihrem Gebiet errichten –, erhoben sich zunächst nur in wenigen, dann aber in immer mehr Städten Handwerker und Händler gegen die Feudalen. Jene Klassenkämpfe führten schließlich dazu, daß sich die Grafen und Vögte auf Burgen im Lande zurückzogen. Von ihnen aus unternahmen sie dann mit bandenartigen Mannschaften die sagenumwobenen Raubzüge gegen Kaufleute und Städte.

Die siegreiche Kaufherrenschaft bildete nun innerhalb der Stadt einen Rat, der die Rechte des einstigen Stadtherren übernahm. Wo aber sollte der Rat zusammenkommen? Die Domkirche erwies sich als unzweckmäßig, oft war sie noch nicht einmal vollendet, Bischof und Stadtherr waren zudem ebensooft identisch. Die Vogtei war verhaßt oder zerstört worden. Also mußten die Bürger sich zunächst neue, eigene Kirchen errichten, und jeder Bewohner hatte die Pflicht, dabei mitzuhelfen. So kam es auch, daß eine ganze Reihe mittelalterlicher Bischofskathedralen halbfertig stehenblieben, ohne Türme oder Gewölbe, während neben ihnen ebenso große Pfarrkirchen emporwuchsen. In den großen Handelsstädten des 14. und 15. Jahrhunderts bauten sogar die Gilden und Zünfte eigene gewaltige Kirchen.

Man entdeckte aber bald, daß sich ein anderes Gebäude in der Stadt weit besser für Zusammenkünfte des Rates eignete, das Kaufhaus. Vielfach war es als langgestrecktes Gebäude schon bald nach der Stadtgründung errichtet worden, ein Steinbau mit einer großen offenen Halle im Erdgeschoß, in die man durch Säulengänge von allen Seiten hineingelangen konnte. Darüber befand sich ein gleich großer Saal, wo man ursprünglich wohl die mehr politischen Handelsgeschäfte tätigte, was man auch beibehielt, nachdem der Rat hier eingezogen war. Im Frankfurter „Römer“, dem mittelalterlichen Rathaus der Handelsstadt, fanden sogar Kaiserkrönungen statt! Und noch etwas war im Kaufhaus möglich, was man in der Kirche nicht durfte: Man konnte hier Feste feiern, tanzen und zechen – worin die Patrizier ebensolche Meister gewesen sein dürften wie im Handeln, denn sie sicherten sich stets als eines der ersten Rechte das zum Bierbrauen! Patrizier – der Begriff stammt aus der Sprache der Römer. Auch dort hießen die Ratsmitglieder so. In der mittelalterlichen Stadt stellen die Kaufleute die reichsten Bürger und damit die patrizische Oberschicht. Wogegen sie sich zunächst erhoben hatten, gegen Vorrechte und Ausbeutung, das begannen sie nun selbst in Anspruch zu nehmen. Die ersten, die sich dagegen wiederum zur Wehr setzten, waren die weniger bevorrechteten Handwerker, und gegen deren Regiment revoltierten ihrerseits wieder die Gesellen und Tagelöhner. Der Klassenkampf innerhalb der mittelalterlichen Stadt entflammte. Die Handwerker schlossen sich zu Zünften zusammen, um sich vor Übervorteilungen zu schützen und gleichzeitig unter Beweis zu stellen, daß eigentlich sie diejenigen waren, die die Grundlage des städtischen Wohlstandes und des Reichtums der Kaufherren erarbeiteten. So begannen sie, selbst die Produktion und die Preise zu regeln. Dabei entwickelten sich nun die einzelnen Handwerker wie Schmiede, Schneider, Bäcker, Fleischer, und es entstanden die Gewerke der Hufschmiede, Waffenschmiede, Nadler, der Schlosser und Uhrmacher oder der Planenmacher, Strumpfwirker, der Kuchenbäcker, Brotbäkker und vieler anderer – wir würden heute sagen hochspezialisierter Handwerker. Ähnlich taten es auch die Kaufleute, die sich schon vorher zu Gilden zusammengeschlossen hatten und nun auf den Vertrieb und Handel bestimmter Waren eingingen. Es gab Fernkaufleute, die Güter und Rohstoffe heranschafften und Waren in ferne Länder transportierten. Von Stralsund zogen die Pelzhändler bis in das ferne Nowgorod! Neben oder, besser gesagt, über ihnen verselbständigte sich aber der Kaufmann, für den die Ware bald weniger wichtig als das Geld geworden war. Er handelte nicht mehr mit Schuhen, Tuchen, Waffen, sondern mit Gold- und Silberstükken, mit Geld. Sein Kundenkreis bestand aus Grafen, Fürsten und sogar Königen. Die Familie der Fugger in Augsburg bildete jenen Kaufmannsadel, der schließlich nicht nur über eine Stadt, der bald über ganze Länder seine Macht ausdehnte.

Doch damit sind wir der Entwicklung ein gutes Stück bis zum 16. und 17. Jahrhundert vorausgeeilt. Kehren wir zunächst in die mittelalterliche Stadt zurück, in der wir noch nicht alles sahen.

Kaufhaus und Rathaus bildeten eine Einheit – dafür ist das gotische Rathaus in Frankfurt an der Oder ein schönes Beispiel. Fast sein gesamtes Erdgeschoß nimmt die später allerdings baulich veränderte Halle ein. Daran anschließend hat sich auch die dritte Funktion des Kauf- und Rathauses in seiner Architektur erhalten: die Gerichtslaube. Das war einfach eine offene kleinere Halle am oder im Rathausbau, unter der der patrizische Gerichtshof über

---

Das gotische Rathaus in Toruń

Diebe und Gauner Recht sprach, so daß die gesamte Stadtbevölkerung an diesem Akt teilhaben konnte. Meist standen dann auch Pranger und Galgen nicht weit entfernt. Im Rathauskeller lagen die Kerker und Verliese, wenn man die Gefangenen nicht einfach in einen der Mauertürme sperrte. Keller waren auch nötig, um Wein und Bier kühl aufzubewahren – unsere Ratskeller haben also eine alte gastronomische Tradition.

Im Rathaus mußte sich der weltliche Wohlstand der Stadt zeigen. Es trat also in einen Wettstreit mit den Kirchenbauten – weniger an Größe und Höhe, denn bei ihm stand das Zweckmäßige, der überschaubare Raum des Ratssaales als Bauaufgabe voran. Dafür aber wurden nicht selten seine äußeren Bau- und Zierformen zu phantastischen Kunstwerken gesteigert, besonders in den spätgotischen und schließlich den Renaissanceformen des 16. und frühen 17. Jahrhunderts. Die prächtigsten entstanden in jener Zeit in den blühenden niederländischen Großstädten, aber auch in Emden, Köln, Leipzig, Nürnberg, Lübeck, Stralsund und vielen anderen Orten. Die Hanse der Kaufleute stellte seit dem hohen Mittelalter die mächtigste Vereinigung von Städten dar. Mit dem 13. Jahrhundert schon gelangte der Handel in den nordeuropäischen Städten rings um die Ostsee und bis weit ins Binnenland fest in die Hand der städtischen Patrizier. 1241 waren die Kaufleute von Lübeck und Hamburg ein Bündnis eingegangen, das

---

Gotische Kaufherrenhäuser in Stralsund

sie „Hanse“ nannten. Es sicherte ihnen den gegenseitigen Beistand und Handelsvorteile. Mehr als siebzig Städte schlossen sich im Laufe der folgenden Jahrzehnte an. Im 15. Jahrhundert schließlich war die Blütezeit des Handels und damit der Hanse erreicht, nun gehörten ihr mehr als hundertfünfzig Städte an, von Tallinn und Riga bis hin nach Krakau, Erfurt, Frankfurt am Main und Brügge – ein europäisches Bündnis. In den großen dieser Städte entstanden die prächtigsten Bauwerke des Patriziates, große Kirchen, prunkvolle Rathäuser, reich verzierte Handels- und Bürgerhäuser. Sie vor allem gaben den Straßen ihr Aussehen.

Wir hatten festgestellt, daß die Grundstücke in den engen Gassen der alten Städte nur schmal, aber dafür langgestreckt waren. Die Häuser standen also mit ihrer Giebelseite an der Straße. So ergab sich die ganz eigenartige Form der Bauten und der Straßenbilder: Die Reihung von Giebelhäusern ist typisch für die mittelalterliche Stadtbaukunst. Baukunst? Sagten wir nicht ebenfalls, daß die Bürgerhäuser zunächst aus Fachwerk und Lehm bestanden und nur wenige Bauwerke aus Stein errichtet waren? In der Tat waren die mittelalterlichen Städte Fachwerkstädte, denn Holz stand in den Wäldern als billiger Baustoff oft genug in Hülle und Fülle dicht bei der Stadt. Rodete man hier, gewann man zugleich Acker- und Weideland vor den Toren. Damit wurde der Zimmermannsberuf bedeutend. Die Zimmer-

Altstadtgasse in Quedlinburg

leute brachten eine lange Tradition an handwerklich-künstlerischen Bauformen mit. Ja, ihre Kunst war so geachtet, daß einzelne Formen sogar in die Steinarchitekturen großer Kirchen und Rathäuser übertragen wurden, wo Steinmetze die typischen Holzschmuckformen nachmeißelten. Handwerk und Kunst befruchteten einander gegenseitig.

Was an der Straße stand, das war wichtig, denn es wurde gesehen. Das Haus, besser seine Giebelwand, wurde damit eine Art Aushängeschild für den Kaufmann oder den Handwerker, der hier wohnte, arbeitete und seine Güter stapelte. All dies geschah nämlich damals unter einem Dach. Je rascher sich die Städte entwickelten, je mehr Menschen in ihre Ummauerung strömten, desto knapper wurde der Raum. Die Straßen waren schon schmal genug, und selbst in den Hauptgassen fand oft nur ein Planwagen Platz. Man mußte also so bauen, daß möglichst viel in einem Hause untergebracht werden konnte – nach rückwärts, nach oben und über die Straße hinweg! In alten Fachwerkstädten – wie Quedlinburg – sehen wir das noch heute: Die oberen Etagen der Häuser sind jeweils über darunterliegende vorgebaut, ihre Ständer ruhen auf den Enden der Deckenbalken, so daß die Giebel, je höher sie aufragen, desto dichter aufeinanderzuwachsen.

Nahezu jedes der Giebelhäuser weist die gleiche Höhe und Breite auf. Das hat seinen Grund in den mittelalterlichen Bauordnungen, die vorschrieben, wie breit und wie hoch die Häuser sein durften und daß keines der Bürgerhäuser höher als das Rathaus war. Jeder wollte aber so hoch und so breit wie möglich bauen – also wurden fast alle Häuser gleichgestaltig. Natürlich gab es auch ganz findige Bauherren, die auf den Giebeln ihrer Häuser hohe Spitzen mit vergoldeten Kugeln und ähnlichen Schmukkaufsätzen anbringen ließen, die nun bis an die Grenze der zugelassenen Bauhöhe heranreichten und vom Wohlstand ihrer Erbauer künden sollten.

Damit sind wir eigentlich schon mitten in einer Hausbesichtigung. Bleiben wir noch einen Augenblick vor der Tür, deren schöner Rahmen besonders auffällt. Er entspricht in seinen Formen denen des Giebels. An Fachwerkhäusern waren es geschnitzte Ständer und Balken, an den steinernen gotischen Bürgerhäusern bildeten hohe und schlanke Spitzbogenreihen, sogenannte Blenden, den Giebelschmuck, und später, in der Renaissance, stellte man Säulen und kleine Bogenblenden in vielen Reihen übereinander vor die eigentliche Giebelwand und verlieh damit dem Haus eine horizontale und vielgeschossige Giebelgliederung. Die Fenster waren im Mittelalter recht klein, große Glasscheiben kannte man noch nicht, gegerbte und geölte Lederstücken dienten zu ihrem Verschluß. Später fügte man viele kleine Glasstücke mit Hilfe von bleiernen Stegen zu Fenstern zusammen. Erst im späten 15. Jahrhundert und dann bis zum frühen 17. Jahrhundert vergrößerten sich die Fenster und füllten schließlich die ganze Mauerfläche.

Im Erdgeschoß brach man meist – wenn es sich um ein schon vorhandenes älteres Haus handelte –

ein großes Tor ein, durch das die Kaufmannswagen in eine hohe Durchfahrt gezogen werden konnten. Das war mitunter gar nicht so einfach in den engen Gassen, und solche Wagen waren beileibe nicht so wendig wie heute ein motorisierter Lieferwagen. Also mußten die Tore, wo nötig, recht breit gebaut werden. Das Erdgeschoß diente dem eigentlichen Umschlag der Waren, und im Handwerkerhaus lagen hier die Werkstätten. Darüber befanden sich die Wohnräume bisweilen in mehreren und untereinander verschobenen, über Stiegen erreichbaren Geschossen. Der innere Ausbau eines solchen Hauses war also oft recht kompliziert und wurde durch immer neue An- und Umbauten jeweils den Bedürfnissen der Generationen angepaßt. In der Tat lebten meist mehrere Generationen einer Familie hier, von Großvater und Großmutter bis zu den Urenkeln. Die dazu nötigen Räume brachte man auch in dem nach rückwärts gestreckten Teil des Hauses unter. Hinter dem hohen Giebel dehnte sich dann die gewaltige Dachkonstruktion mit Böden und großen Räumen in oft mehreren Geschossen übereinander. Hier lagen die Speicher und Warenlager. Eine Reihe alter Häuser in unseren historischen Städten hat heute sogar noch dicht unter der Giebelspitze den großen Kranbalken, an dem einst der Flaschenzug befestigt war, mit dem man die Warenballen hinauf zu den Bodenluken und in die Speicher beförderte.

Nur die reichen Kaufherren verfügten über so große und schöne Häuser, die an den Hauptstraßen rings um den Markt lagen. Die Handwerker, Krämer und schließlich die Gewerbezweige, deren Arbeit Lärm und Gestank kennzeichneten, waren an den Rand oder in bestimmte Quartiere der alten Stadt gedrängt, wie Gerber, Schmiede oder Abdecker. Sie wohnten in sogenannten Buden, oft nur eingeschossigen Häusern ohne sonderlichen Schmuck an den nur wenige Schritte breiten Gassen.

## *Das Leben in der mittelalterlichen Stadt*

Wie lebten überhaupt die Menschen zu jener Zeit? Nachts schlief die ganze Stadt, denn außer ein paar trüben Ölfunzeln und Kienspänen kannte man keine künstliche Lichtquelle; den Tag füllte die Arbeit.

Was taten die Bewohner, wenn sie nicht arbeiten mußten? Einen Sonntag mit Freizeit, Spiel und Sport – das hatte man ja bis vor hundert Jahren nicht! Sonntags ging man in die Kirche.

Wie stand es um die Toiletten und Bäder? Ursprünglich hatten die Häuser an ihren abseitigen Wänden winzige Erker mit einer Öffnung nach unten und einem Brett darüber, das waren die Toiletten. Wir finden solche Aborterker noch an Türmen mittelalterlicher Burgen erhalten.

Wasser gab es aus Brunnen, die nicht in einem jeden Hause, sondern auf einigen Plätzen in der Stadt standen. Die Frauen mußten es mit Eimern in große Bottiche tragen, so hatte man von dem bisweilen recht fauligen Naß immer etwas im Hause. Die Abwässer hingegen liefen einfach auf die Straße, von wo sie verdunsteten oder bestenfalls über kleine Fließe in die Stadtgräben gelangten.

Und was passierte, wenn ein Haus in der Stadt in Brand geriet? Die Folge waren verheerende Stadtbrände, vor allem, solange man noch keine Steinhäuser und Brandmauern zwischen den Grundstükken errichtete. Erst mit dem 17. Jahrhundert setzten sich die Erkenntnisse aus den großen und vielfältigen Katastrophen in den Städten allgemein in bauliche Sicherheitsvorkehrungen um.

Aber nun die Straßen – sie sahen entsprechend aus. Es gibt Berichte, nach denen die Wagen der Händler bis an die Achsen im Schlamm steckenblieben. Kaiser Friedrich III. soll um 1460 in der Stadt Tuttlingen sogar einmal auf seinem Pferd bis an die Schenkel im Straßenkot festgesessen haben! Erst im 15. Jahrhundert begann man damit, zunächst die Hauptstraßen innerhalb der Stadt zu befestigen. Dazu legte man einfach Hölzer quer über die Wege, Knüppeldämme, wie sie heute von Forstarbeitern beim Abtransport von Baumstämmen über schlickigen Waldboden gebaut werden. Und schließlich begann man zunächst den Marktplatz und einige Verkehrswege mit Feldsteinen zu pflastern. Lange nicht so gut und sorgfältig, wie es die Römer auf ihren Straßen getan hatten. Es entstand ein Katzenkopfpflaster, über das die Wagen der Kaufleute tüchtig ächzten und krachten.

Wo nun aller Kot und jedes Abwasser auf die Straßen kamen, da mußten sich zwangsläufig Seuchen ausbreiten. Und sie wurden durch die damaligen Reinigungssitten der Menschen noch gefördert. Es gab nämlich in der Tat schon so etwas wie eine Badeanstalt, der Name Baderei besagt es. Hier standen in Holzbottichen Wässer, in die man heute wahrscheinlich nicht mehr freiwillig hineinsteigen würde. Die Bader übten dazu ihr Handwerk aus: Sie schnitten Haare, massierten die Fettpolster der Kundschaft und behandelten ebenso Kranke und deren Wunden. Das alles geschah unter Verhältnissen, die wir mit unseren hygienischen Maßstäben überhaupt nicht messen können. Kein Wunder also, daß sich Pest und Pocken in ungeahntem Maße breitmachten, zumal Ungeziefer und Ratten zwischen Schweinen und Gänsen auf den Straßen einherspazierten. Aus den fernen Ländern schleppten dazu die Kreuzfahrer und Fernkaufleute weitere Krankheiten ein. Die Lepra, auch Aussatz genannt, war geradezu zu einer Geißel der Menschen geworden. Schauen wir uns einmal Gemälde und Zeichnungen aus jener Zeit an, so finden wir allenthalben Krüppel und Sieche zwischen den anderen Menschen abgebildet. Ja, es gibt ganze Bilder voller entsetzlicher Gestalten. Das Elend dürfte in jenen Städten nicht geringer gewesen sein als der Glanz und Reichtum!

Damals oblag die Behandlung der Kranken und die Pflege der Siechen den Mönchen und den Klöstern. So wuchsen innerhalb der Städte gleichzeitig mit den Bürgerbauten auch die Klosterkomplexe. Außerhalb der Mauern und in gehörigem Abstand vom scheinbar gesunden Leben legten Mönche Spitäler für die Aussätzigen, die Leprakranken, an. Solche fast stets Heilig-Geist-Spital genannten Bauten gelangten bei späteren Stadterweiterungen mit in die Ummauerung, sie bildeten aber einen ängstlich gemiedenen eigenen Bezirk. In Stralsund, Lübeck, Greifswald und einer ganzen Reihe anderer alter Städte haben sie sich mit ihren oft einfachen Gebäuden erhalten.

Aber noch eine weitere wichtige Aufgabe übernahmen die Mönche. Die des Franziskanerordens beschäftigten sich neben der Krankenpflege und ihrem kirchlichen Dienst auch mit der Betreuung der armen Schichten des Stadtvolkes, denen sie mit Speisungen und Kleidung halfen. Die Dominikaner hingegen stellten Prediger und Lehrer, ihre Klöster wurden vielerorts zu Vorläufern der späteren Schulen. Noch heute gibt es in einigen Städten Namen und auch Gebäude solcher alten Klosterschulen, die aus jenen mönchischen Lehranstalten hervorgingen. So spiegeln denn auch die Bezeichnungen von Stadtvierteln, Straßen, Gassen, Plätzen und einzelnen Gebäuden die Geschichte und das Leben der mittelalterlichen Stadt wider. Ihre Gliederung in die Wohn- und Lebensbereiche der einzelnen Schichten der Kaufleute, Handwerker, der Armen und der Geistlichkeit – wir nennen dies die historische Sozialstruktur – wird anschaulich. Altmarkt und Neumarkt sind die Hauptplätze der ersten Stadtanlage

Die Krämerbrücke in Erfurt, bereits im Mittelalter mit Häusern bebaut

und ihrer späteren oft umfangreichen Erweiterung. Namen wie Herrenstraße, Burgplatz, Vogtei sagen aus, daß hier einst die Stadtherren wohnten. Mönch- oder Klosterstraße, Heiliggeiststraße oder Dominikanergasse zeigen an, daß hier jene frühsozialen, geistlichen oder auch Lehreinrichtungen gelegen haben, deren Bauten wir heute noch teilweise vorfinden. Böttcher- und Gerbergasse, Fleischer- und Schmiedestraße geben die Handwerkerquartiere zu erkennen, und Hopfenmarkt, Topfmarkt, Fleischerscharren lassen die Ausprägung spezieller Handelszentren in den alten Städten zumindest noch im Namen hervortreten. Im thüringischen Neustadt haben sich solche Verkaufsstände, Scharren, aus dem 16./17. Jahrhundert sogar mitten in der Stadt erhalten. Sie gehören zu den ältesten „Läden“, die wir bestaunen können.

## *Die Bürgerstadt der Renaissance*

Renaissance – das Wort bedeutet im italienischen soviel wie Wiedergeburt – ist der Begriff für die Kultur und Kunst der großen frühbürgerlichen Epoche des 16. und 17. Jahrhunderts. Was wurde hier wiedergeboren, das der ganzen Kunst ihren Namen verlieh? In Italien hatte man sich zuerst der großen kulturellen Tradition längst vergangener antiker Zeiten besonnen. Die neuen epochalen Erkenntnisse in Natur und Geschichte, die Weiterentwicklung der Wis-

---

Renaissance-Bürgerhaus „Zum Breiten Herd“ in Erfurt

senschaft führten zur Entstehung einer neuen Weltanschauung, die von den Humanisten geprägt wurde. Der Mensch begann sich seiner eigenen schöpferischen Kraft bewußt zu werden, erkannte, daß er in der Lage ist, den Lauf der Welt mitzubestimmen. Reformation und frühbürgerliche Revolution, der deutsche Bauernkrieg, sind die Zeichen nicht nur der Entstehung eines diesseits gerichteten Weltbildes. In ihnen verlebendigte sich auch die Erkenntnis, daß es möglich ist, scheinbar Unveränderliches aus eigener Kraft zu verändern. Die Macht des Feudalismus drohte unter dem Ansturm der neuen Gedanken und der handelnden Bauern und Bürger zu zerfallen. Männer wie Erasmus von Rotterdam, Galileo Galilei prägten durch ihre Worte und Schriften das neue Weltbild. Galileis naturwissenschaftliche Erkenntnisse vermochte Johannes Kepler zu erweitern, nachdem schon vorher Nicolaus Copernicus mit seinen Erkenntnissen an den Grundpfeilern der mittelalterlichen Weltanschauung gerüttelt hatte. Man begann sich mit der Natur der Erde auseinanderzusetzen, nachdem man ihre Schätze entdeckt hatte. Erze wurden bergmännisch abgebaut, Männer wie Agricola erforschten die Chemie der Metalle, und schließlich hatte man schon ein erstes Mikroskop und eine Drehbank am Ende des 16. Jahrhunderts gebaut.

Auch die Stadt legte nun ein anderes, neues Gewand an. Aus ihrem Bild verschwanden immer mehr die steilen hohen Giebelhäuser aus Fachwerk und die gotischen Formen. An ihre Stelle traten die Renaissancehäuser mit runden Giebelformen, großen Fenstern, bunten, bemalten Fassaden, an denen wie in einem Bilderbuch ganze Geschichten, neue humanistische Lebensauffassungen dargestellt wurden. All diese plastischen oder gemalten Bilder rahmten verkleinerte antike Säulen, deren Formen man aus Musterbüchern entnahm, die von Kunsthandwerkern angelegt worden waren. In dieser handelsfreudigen Zeit wurden auch die Kunstformen älterer Epochen gleichsam in Einzelteile zerlegt. Die Schmiede, Schreiner, Steinmetzen schufen diese den Vorlageblättern nach und setzten sie zu neuen Architekturen zusammen. Es war ein wirklich schöpferischer Prozeß, der aus dem Erfassen und Zerlegen älterer Traditionen lebte. Eine solche Wiedergeburt erlebte die gesamte Stadt.

Man nahm sie tatsächlich auseinander, indem man zunächst einmal die vewirrende Vielfalt der Baulichkeiten und die erstickende Enge der mittelalterlichen Stadt zu ordnen versuchte. So kennen wir aus jener Epoche auch die ersten Darstellungen von Städten, in denen die experimentierfreudigen Renaissancemeister Pläne für ihre Neuformung zu Papier brachten. Freilich vermochten sie diese nur im kleinsten Teil, im Einzelhaus zu verwirklichen. So sind in einem Renaissancehaus die seit dem Mittelalter allmählich gewachsenen und ineinander verschachtelten Bereiche des Wohnens, des Produzierens, des Handelns oder des Warenlagerns gegenüber dem mittelalterlich gotischen Haus klar voneinander getrennt. Licht und Sonne können in die hohen Räume gelangen. Wege und Straßen nahmen allmählich feste Formen an.

Kunstfertige Handwerker begannen damit, das so dringend benötigte Wasser über ein Röhrensystem von Quellen außerhalb der Stadt in diese hineinzuleiten. Auf einem Platz wie dem Markt errichtete man dazu einen „Born“, in dem zunächst das Quellwasser gespeichert wurde. Von hier konnte es dann mit Hilfe dünnerer hölzerner Röhren wiederum zu einzelnen Zapfstellen weiterverteilt werden. Eine dieser alten Wasserkünste aus dem späten 16. Jahrhundert blieb auf dem Marktplatz von Wismar erhalten. Es ist ein turmartiges Bauwerk, das den Kastenbehälter für das gesammelte Wasser umgibt, kunstvoll gestaltet. Noch heute entdeckt man bei Bauarbeiten in der Stadt Teile des alten Röhrensystems, und es gibt an alten Bürgerhäusern Zapfstellen, aus denen bis vor wenigen Jahren noch das Wasser floß, wenn sie gangbar gemacht wurden. Dreihundert solcher Brünnlein hatte Wismar am Beginn des 17. Jahrhunderts innerhalb seiner Mauern. In anderen großen Städten der Renaissance war es ähnlich.

Wo vieles Neue hinzukommt, gerät manches Alte in Verfall. Das war auch in der Stadt des 16. und 17. Jahrhunderts so. Hier bereits verloren viele Orte ihr einstiges mittelalterliches Gesamtbild. Die gewaltigen Bauwerke der Kirchen brauchte man nicht zu erweitern, wohl aber hatten ein und zwei Jahr-

---

Die Wasserkunst in Wismar

hunderte an ihren hohen spitzen Turmhauben genagt. Stürme und Regen, Blitz und Sonne durchweichten und verbrannten den Wald von Balken und Schindeln dieser wie Nadeln aufragenden Stadtkronen. Oft baute man an ihrer Stelle neue, geschwungene Helme auf viele der älteren Türme. Man hatte Freude an der runden Bauform, die man jetzt zu bewältigen verstand.

Aber auch die Rathäuser waren zu klein und zu eng geworden und galten als unmodern. Vielerorts entstanden sie also neu in den gleichen Formen, in denen die reichen Patrizier ihre Häuser mit neuen Fassaden schmückten. Gilden und Zünfte schufen sich noch prächtigere Gebäude, um ihre Bedeutung erneut und mitten in der Stadt zur Schau zu stellen. Wer einmal über den Langen Markt der alten Stadt Gdańsk gegangen ist, der hat das Bild von Reichtum, Macht und zugleich vollendeter Schönheit vor Augen gehabt, das jene Menschen schufen, das sie aber auch selbst geprägt haben muß. In diesen Häusern, in ihren den Fassaden gleich prächtigen Räumen fanden nicht nur Abschlüsse von Geschäften und Feste statt, hier hatte auch das geistige und wissenschaftliche Leben innerhalb der Städte einen Platz gefunden.

Die Klöster hingegen verloren immer mehr ihren Wert als Bildungsstätten, nur ihre Schulen hatten wie eh und je einen hohen Rang. In dieser – wir

---

Der Markt mit Renaissance-Rathaus und gotischer Stadtkirche in Stendal

müssen es schon hier sagen – beileibe nicht gerade friedfertigen, aber doch weltoffenen Atmosphäre bildete die Gründung und die Einrichtung einer Universität einen Höhepunkt im geistigen und Kulturleben der Renaissancestadt. Gegen Bezahlung erteilten auch die Landesherren Privilegien an größere Städte, die sich vom Handels- und Gewerbezentrum immer mehr auch zu Kulturzentren im Sinne jener neuen Epoche entwickelten. Zu den geistlichen Lehrern der Universitäten gesellten sich recht bald Naturforscher, Rechtsgelehrte, vor allem aber waren es die Humanisten, die – wie in Erfurt – mit ihren Ideen nun auch Einfluß auf die Bildung der Stadtbewohner nahmen. Immerhin gab es jetzt im 16./17. Jahrhundert schon Städte mit mehr als 50000 Einwohnern. Köln, Lübeck, Erfurt, Nürnberg, Leipzig waren Großstädte wie Antwerpen, Krakau oder London.

Da hatten die mittelalterlichen Befestigungen allmählich ihren Wert verloren, denn sie lagen nun schon zwischen den Vorstädten und der eigentlichen alten Stadt. Ihre Tore ließ man stehen, weil sie als kunstvolle Bauwerke das Stadtbild in besonderer Weise schmückten, man gestaltete sie sogar noch reicher aus, wie in Gdańsk. Die Mauern aber verfielen immer mehr.

Anders da, wo der Dreißigjährige Krieg die Städte dazu zwang, sich in gewaltige Festungen zu verwandeln, denken wir noch einmal an Magdeburg. Hier

Das Hohe Tor in Gdańsk, Ende 16. Jh. umgestaltet

befand sich eine Militärbesatzung, und sie blieb auch nach dem Westfälischen Frieden da. Das breite und immer wieder verstärkte Festungswerk aber behinderte die Ausweitung der Stadt, und so mußten sich von außen her im Vergleich zu den Bauwerken innerhalb der Mauern recht ärmliche Vorstädte an die Bastionen und Wälle heranschieben – ärmlich, weil sie immer in Gefahr waren, bei kriegerischen Auseinandersetzungen völlig vernichtet zu werden, denn sie lagen im Schlußfeld des Feindes. Das geschah dann auch immer wieder vor den Städten, die wie Magdeburg oder Torgau bis ins vorige Jahrhundert Festung blieben und erst dann den Schritt aus den engen Mauern heraus in die Umgebung wagen konnten. Magdeburg wuchs dabei in kurzer Zeit zu einer unserer großen Industriestädte heran, Torgau behielt in seinem Bild noch manches Denkmal seiner Festungszeit.

Das Leben in der Stadt war zwar äußerlich angenehmer geworden, dafür jedoch verschärften sich die Gegensätze zwischen den Klassen der Patrizier und der rechtlosen Gesellen, Tagelöhner und Knechte. Die geistlichen und weltlichen Territorialfürsten sahen nun ihre Stunde kommen. Die politische Macht der Städte begann zu schwinden, und neben den Patrizierhäusern erbauten sich die Grafen, Bischöfe und Könige neue Paläste, in die sie von ihren Burgen einzogen. Lediglich die alten Reichsstädte behaupteten ihre Vorrangstellung. Das Zeitalter des Feudalabsolutismus begann.

## *Eine Stadt für den Fürsten*

Mit dem 18. Jahrhundert brach auch für die Stadt eine neue Epoche an, denn die Veränderung der machtpolitischen Verhältnisse hatte zu einer ganzen Reihe von neuen Herrschaften geführt. Fürsten und Könige wollten sich eine Residenz erbauen lassen, wie sie als großes und meisterstrebtes Vorbild in der zweiten Hälfte des 17. Jahrhunderts vom französischen König angelegt worden war.

Jetzt prägten sich zwei Formen von Städten aus: die Residenz am Orte, wo sich ein feudalabsolutistischer Herrscher niedergelassen hatte – und die Stadt der patrizischen Kaufleute und Finanzkönige da, wo große Handelsplätze bestehen blieben oder in Manufakturen Waren billig hergestellt wurden, die dann die Händler gewinnbringend verkauften. Betrachten wir zunächst einige dieser Städte. Von jeher stellte Leipzig ein bedeutendes Handelszentrum dar, in dem eine reiche Kaufherrenschicht vorhanden war. Hier konnte man sich Baumeister leisten, die an Königs- und Fürstenhöfen gearbeitet hatten. Sie schufen nun für die städtischen großbürgerlichen Auftraggeber prachtvolle Palais. Platz dazu war vorhanden, denn die vermögenden Herren hatten die Grundstücke ihrer ärmeren Nachbarn aufgekauft und ließen sich statt der schmalen Giebelhäuser neue, breite Wohn- und Handelshäuser mit schmuckreichen barocken Fassaden davor erbauen. Die langgestreckte Schaufront mit einem hohen Dach darüber trat an die Stelle der älteren Giebelreihungen, und rings um die großen Höfe entstanden an den Häusern Seitenbauten mit Speichern und Kontoren für Waren und Angestellte des Kaufherrn. Bisweilen unterscheiden sich diese Bauten überhaupt nicht von den Stadtschlössern der Feudalen – zumal sich nun die reichsten der Bürger einen Adelstitel für Geld oder Dienstleistungen vom König verleihen lassen konnten. Einige dieser ehemals das gesamte Stadtbild prägenden Kaufherrenpalais haben in Leipzig die Jahrhunderte und den letzten Krieg überstanden. An der Katharinenstraße oder am Markt können wir ihre vor wenigen Jahren restaurierten Fassaden bewundern und die alten Handelshöfe durchschreiten. Wir sollten nicht vergessen, daß in diesen Städten großartige Kunstwerke entstanden, die heute zum wertvollsten Kulturbesitz gehören. Von Meistern aus Italien, Holland und Frankreich wie von deutschen Bau- und Bildkünstlern wurden Häuser und Standbilder, Brunnen und Ausstattungen von Treppen-, Fest- und Wohnräumen jener Häuser geschaffen.

In den barocken Zentren und an den Fürstenhöfen konzentrierte sich das künstlerische und kulturelle Leben, denn hier hatte man Geld dafür zur Verfügung. Das Land und die kleinen Städte hingegen mußten es erbringen, und sie blieben ohne neuen Schmuck im abgetragenen mittelalterlichen Gewand. Bach musizierte in Leipzig, Händel in Halle, Mozart in Prag und Wien, Pöppelmann und Permo-

Barthels Hof, ein barockes Handelshaus in Leipzig

ser schufen in Dresden Bauten und Kunstwerke, Dientzenhofer in Prag und die Brüder Asam in München. Eine der bedeutenden Handelsstädte mit Verbindungen bis nach England war damals auch Zittau. In den Dörfern der Oberlausitz saßen die armen Weberfamilien hinter den Webstühlen und stellten das hochwertige Leinen her, das ihnen die Großkaufleute für ein geringes Entgeld abnahmen, um es mit viel Gewinn weiterzuhandeln. Noch heute überrascht jeden Besucher die Pracht und der Reichtum der barocken großen Handelshäuser rings um den Zittauer Markt. Sie belegen in architektonischen Formen, daß hier viel Geld erhandelt wurde, daß der Kaufmann in seiner Stadt ein ebensolcher Fürst war wie der Feudale in der Residenz. Die eigentliche Barockresidenz aber entstand völlig neu. Sie ist ein Spiegelbild des Aufbaues der damaligen Gesellschaft und wurde auch mit der Absicht erbaut, die absolutistische Macht in einem gewaltigen Monument darzustellen, das selbst eine Stadt sein sollte.

Das war in der Tat ein enormes Vorhaben! Seine Verwirklichung mußte auf Befehl des Königs oder Fürsten in oft nur wenigen Jahren ermöglicht werden. Das setzte natürlich einen unerhörten Aufwand an Bauarbeitern, an Entwerfern und Zeichnern, an Künstlern und nicht zuletzt an Baumaterial und Geld voraus. Tausende von Tagelöhnern wurden einfach dort zusammengetrieben, wo die Residenz entstehen sollte. Bauern mußten über große Entfernungen Riesenmengen von Materialien heranschaffen, die es oft am Bauort gar nicht gab. Über die Elbe transportierte man sächsischen Sandstein bis an den Unterlauf des Flusses, um ihn von da aus weiter ins Land zu bringen. Baumeister und Künstler ließ man von Hof zu Hof kommen, und das Geld für Material und Löhne zog man einfach mit Hilfe von Steuern und Abgabepflichten ein – keine Kunst also, dann ein Kunstwerk von Schloß und Stadt zu errichten. Und doch müssen wir die Meisterschaft bewundern, mit der solche Architekturen und Städte geschaffen wurden.

Schon seit dem ausgehenden Mittelalter hatten sich immer wieder Baumeister mit idealen Plänen für Städte und Häuser beschäftigt. Mathematik und Geometrie standen nicht selten Pate bei diesen Gedanken, nachdem man zwischen 1591 und 1666 die Buchstabenrechnung, Logarithmen, analytische Geometrie und Differentialrechnung entdeckt hatte. Mathematik war also auch damals Trumpf! Und wer von uns hat nicht schon einmal mit Zirkel und Lineal phantasievolle Idealfiguren aufs Papier gezaubert?

Jene Baumeister taten etwas ganz Ähnliches. Dazu boten ihnen sogar die absolutistischen Herrscher die Möglichkeit, solche Idealpläne in die Wirklichkeit zu übertragen. Das waren doch Aussichten, wie sie kaum jemals seit der Antike Architekten und Künstlern gegeben wurden!

Die mittelalterlichen Baumeister waren oft genug an der zu großen Höhe gescheitert, die sie ihren Kathedralen und Türmen geben wollten. Es gab noch keine Kräne, und die Berechnungen konnte man auch nur mit Hilfe praktischer Erfahrungen anstellen. Und nun waren neues mathematisches Wissen, Bauland, Arbeiter und Geld vorhanden – zunächst blieb es den tatendurstigen Baumeistern gleich, woher. Bauherren und Baumeister zeigten sich besessen von dem Gedanken, etwas noch nicht Dagewesenes und alles Bisherige Übertreffendes, ein großartiges und schönes Bauwerk zu schaffen – die nach absolutischer Vorstellung ideale Stadt.

In diesem Sinne sollte die barocke Kunstsprache der späten Feudalzeit auch immer ein Erlebnis sein, den Beschauer überwältigen in ihrer Schönheit sowie Formen- und Farbenfülle. Der eigentliche Nutzer, der Herrscher und Bauherr, stellte sich dem Volk in diesem Gewande vor und voran.

Die barocke Stadt diente oft als Residenz, und zu diesem Zwecke wurde sie ganz neu angelegt. Drei Städte sind zum Inbegriff des Ideals von mathematisch-geometrischer Prägung und absolutistischer Machtkonzentration geworden: Versailles in Frankreich, Petersburg – das heutige Leningrad – im Rußland der Zaren und die kleinere deutsche Residenz Karlsruhe.

Betrachten wir zunächst Versailles, das Vorbild vieler barocker Stadtanlagen. Drei breite Straßenachsen laufen in spitzem Winkel auf das Schloß zu und bilden das Grundgerüst für die eigentliche und nicht einmal große Stadt. Die mittlere Achse endet

Schloß und Stadt Versailles

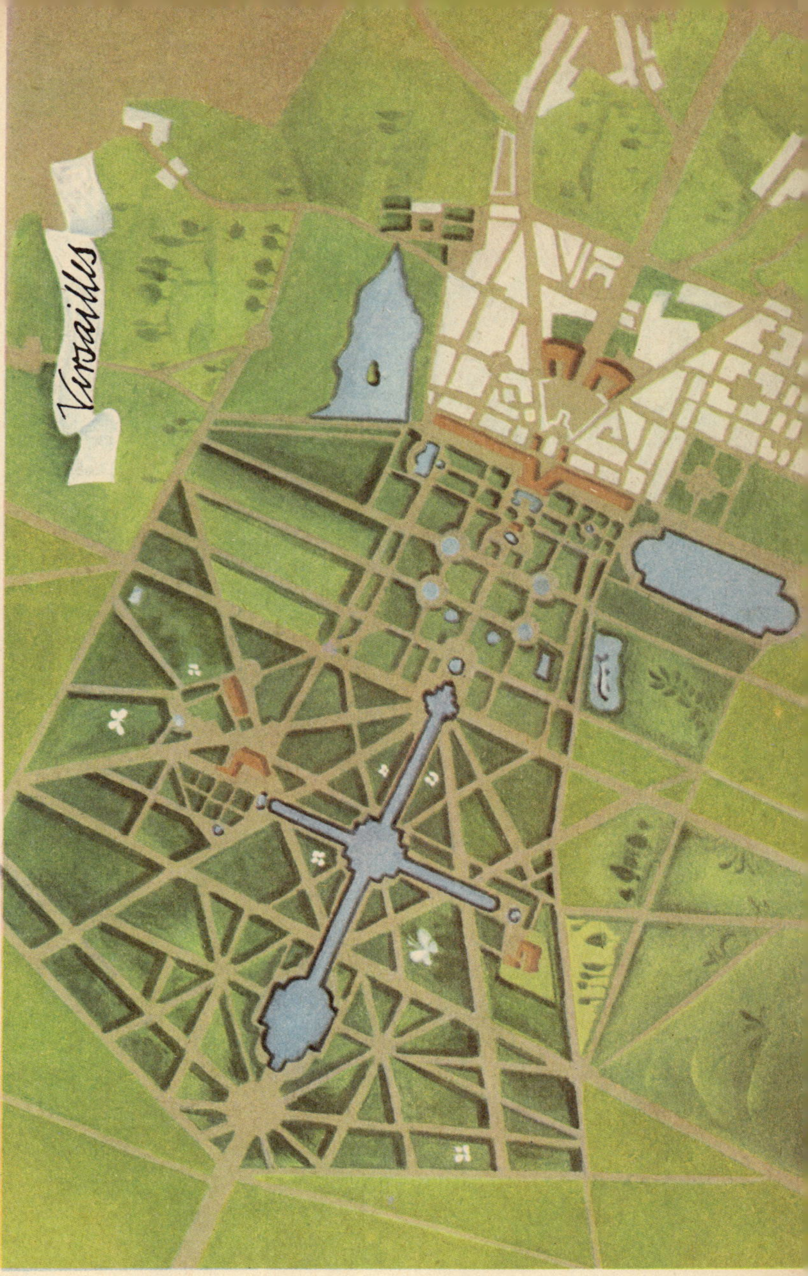
Versailles

genau im Mittelpunkt des Schlosses, wo das Schlafzimmer des Königs Ludwig XIV. liegt. Man muß wissen, daß aus seinem morgendlichen Aufstehen eine ganz eigene Zeremonie gemacht worden war, die ausdrücken sollte, daß er an jedem Tage neu und von höchster Gnade gelenkt vor sein Volk gestellt würde. Dem Aufgang der Sonne setzte man dieses Aus-dem-Bett-Steigen gleich – und Ludwig XIV. ließ sich „Sonnenkönig“ nennen. Welch ein Selbstbewußtsein wird hier sichtbar! So mußte auch von der Stadt her diese Hauptachse bergan führen, denn nur auf der höchsten Spitze in der Landschaft konnte sich ja der König erheben. Gewaltige Erdarbeiten waren allein für diesen Standplatz des Schlosses notwendig. Einer breiten und kunstvoll gestalteten Mauer gleich schließt der mehrere hundert Meter lange Schloßbau die Welt der Stadt vom Park, dem Reiche des Königs, ab. Hinter dem Schloß, als weite und ebenso künstlerisch geformte Landschaft, senkt sich der Park zu zwei sich kreuzenden Kanälen. Auch hier konnte der König wie vom Olymp auf die Welt hinabblicken, die wie in der Pyramide jener Gesellschaft bis zu ihm selbst aufgipfelte.

Die Geometrie spielte eine große Rolle bei dem grandiosen Plan: Man schuf von einem Mittelpunkt ausgehende, strahlenförmig verlaufende Wege, runde Plätze, drei- und mehreckige Parkstücke. Alles unterliegt einer strengen Ordnung, ist geregelt, und selbst was natürlich wächst, wie Bäume, Sträucher und Blumen, das wird von der Hand des Gärtners zurechtgestutzt zu ebenfalls geometrischen Formen.

Auch die Stadt entwickelte sich nicht, sie wuchs nicht aus sich selbst und durch die Ideen und Arbeit ihrer Bewohner. Sie ist angelegt, starr geplant und in das Gerüst der geometrischen Linien eingebunden.

Wohl ganz dem geometrischen Ideal entspricht die Planung Karlsruhes, denn sie zeigt uns noch eindeutiger als Versailles das, was sich der feudalabsolutistische Herrscher zur Darstellung seiner Macht wünschte. Karlsruhe entstand seit 1715 – also rund fünfzig Jahre später als Versailles, das zwischen 1661 und 1710 geschaffen worden war. So fügt sich nun auch die gesamte Anlage von Schloß, Stadt und Park zu einem Kreis, in dessen Mittelpunkt der Schloßbau steht. Mittelpunkt der Welt zu sein war der Wunsch eines jeden Barockfürsten! Alle Straßen führten zum Schloß – oder strahlten von ihm aus, zur Stadt und in den Park. Auch die Häuser und übrigen Bauwerke mußten sich dem gefundenen Schema anpassen: Am Stadtrand waren sie klein und nur eingeschossig, ihre Höhe steigerte sich, je näher sie dem Schloß standen, das selbst als höchstes Bauwerk wiederum den Mittelpunkt bildete. Wieder der Gedanke der Pyramide, auf deren Spitze und als deren Spitze der Herrscher steht.

Zehn Jahre nach Karlsruhe, 1725, begann der Ausbau Petersburgs zur Zarenresidenz, und erneut griff man die Ideen von Versailles auf – nur mußte man Rücksicht nehmen auf die besondere Situation des Hafens und der Festungsanlage. So tritt nun hier die mächtige Kuppelarchitektur des Admiralitätsgebäudes in den Blickpunkt der drei großen und breiten Straßenachsen, an denen sich die Hauptbauten befinden. Das eigentliche Schloß staffelt sich seitlich davon um eine riesige Platzanlage.

Auch ältere Residenzen erhielten während der Epoche des Feudalabsolutismus einen barocken Prunkteil. In Berlin entstand die Straße Unter den Linden, die als breite Achse von der Parklandschaft des Tiergartens zum Schloß führte. Parallele dafür ist gleichfalls Paris, wo man die Allee der Champs-Élysées zum Königsschloß angelegt hatte. Ähnliche Achsen entstanden in Wien, Dresden und vielen anderen, oft nur kleinen Residenzen. Bisweilen sind die grandiosen Pläne des 18. Jahrhunderts erst über hundert Jahre später in nun noch reicheren, sogenannten neubarocken Architekturen vollendet worden.

Eine der vielen kleinen Barockresidenzen war Ludwigslust. Die mecklenburgisch-schwerinschen Herzöge ließen seit 1772 an Stelle eines älteren Jagdschlosses den großen Barockbau und die Stadt errichten. Eigentlich bestand die Residenz nur aus diesem Schloß mit dem breiten und von kleinen Häusern umgebenen Platz davor, dem weiten Park und der breiten Straßenachse, die noch heute mitten in der längst größer gewordenen Stadt zum Schloß führt, die Wilhelm-Pieck-Straße. Diese Bauten sind indes gut erhalten, und das Schloß selbst

---

Die Barockstadt Ludwigslust

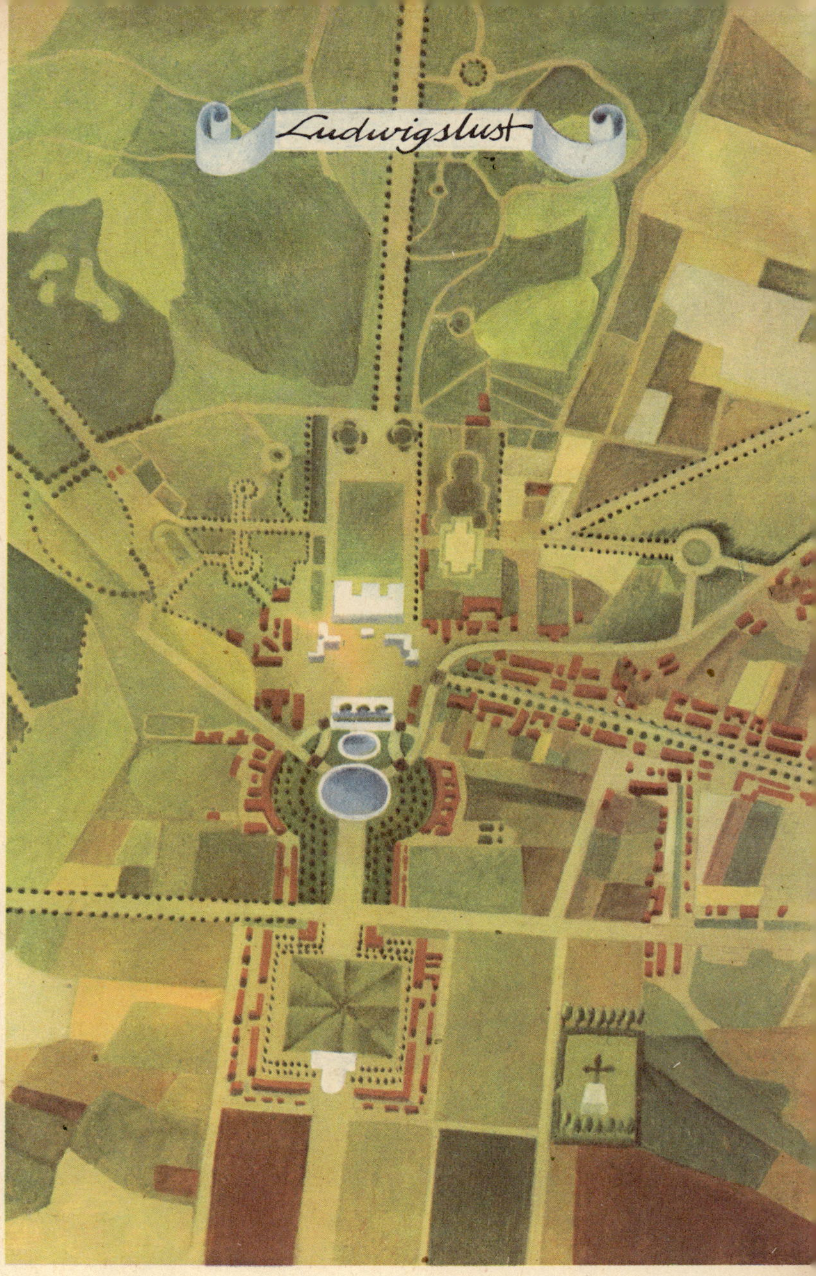
Ludwigslust

wird gegenwärtig zu einem großen kulturellen Zentrum umgestaltet.

Nun begann sich in der Zeit, da Ludwigslust gebaut wurde, erneut das Weltbild zu ändern. Von Frankreich und England drangen neue Erkenntnisse und Ansichten in die anderen Länder vor. Wie einst Galilei und Kepler begriffen, daß der Lauf der Gestirne den Naturgesetzen folgt, so erklärten jetzt die Naturforscher und Philosophen, daß absolut nicht allein der absolute Herrscher den Lauf der Dinge bestimmen könne. Zunächst war die Natur selbst Gegenstand ihrer Untersuchungen geworden; und man entdeckte dabei nicht nur den Zucker in der Rübe, den Sauerstoff und die Salzsäure. In England konstruierte man bereits erste Hochöfen, in denen Steinkohle zur Eisengewinnung verwendet wurde, und 1781 baute James Watt seine erste Dampfmaschine. Eine ganz neue Welt begann sich also hinter der noch immer von höfischer Etikette, von Equipagen, Fürsten und Mätressen, Lustschlössern und waffenstarrenden Grenadieren schillernden Barock- und Rokokozeit abzuzeichnen – das beginnende industrielle Zeitalter.

Das zeigt sich auch an einer Stadt wie Ludwigslust und ihrer Komposition: Den Mittelpunkt bildet nicht mehr das Schloß, vielmehr gibt es drei nahezu gleichwertige Teile nebeneinander mit eben dem fürstlichen Sitz, dann der Stadt und schließlich dem Park. Fast ein wenig versteckt ist das Schloß, wenn man durch die breite Straßenachse schreitet, denn es wird erst im letzten Moment sichtbar, ehe man seinen Vorplatz betritt. Es liegt am Rande der großen Hauptachse. Erinnern wir uns an Leningrad, auch hier war der Zarensitz ein wenig beiseite gerückt. Eine gewisse Gleichrangigkeit von Stadt und Schloß – nicht zu verwechseln mit Gleichberechtigung freilich – tritt an die Stelle der absoluten Unterordnung der Stadt unter das Schloß. Und noch etwas. Wir sprachen von der Parklandschaft. Auch hier zeigt sich das neue Verhältnis der Menschen zur Natur. Man schnitt nämlich nicht mehr wie in Versailles die Bäume zu geometrischen Figuren zurecht, sondern ließ sie natürlich wachsen. So nahm der Park in oder neben der Stadt allmählich den Charakter einer Landschaft an mit verschlungenen Wegen und mehr zufällig als geordnet eingestreuten Bauwerken und Wasserläufen.

Bürger, Männer aus dem Volke waren es vielfach, die zu den neuen wissenschaftlichen und technischen Erkenntnissen gelangten. Es gab auch aufgeschlossene Fürsten und Herzöge, die an ihren Höfen Philosophen, Dichter und Naturforscher versammelten – denken wir an den Großherzog von Weimar. Er holte die bedeutendsten Dichter und Denker im ausgehenden 18. und frühen 19. Jahrhundert in die thüringische Residenz. Goethe und Schiller, mit keiner anderen Stadt ist ihr Name so unmittelbar verbunden wie mit Weimar. Hier wirkten Herder und Wieland zusammen mit den Schauspielern des schon damals berühmten Theaters. Weimar wurde eines der bedeutendsten Kulturzentren in der damals durch eine Unzahl von Grenzen in kleine Feudalstaaten zersplitterten deutschsprachigen Landschaft. Und diesen Charakter bewahrte die Stadt bis in unsere Gegenwart. Wir erkennen daraus, daß große progressive Entwicklungen in einer Stadt Traditionen schaffen können, die Jahrhunderte überdauern. Nicht nur Handel und militärische Strategie, in erster Linie das Kulturleben prägte nun die Stadt.

## *Eine Stadt für einen Zweck*

Ehe wir weiterverfolgen, in welcher Weise sich die Stadt während des 18. und des beginnenden 19. Jahrhunderts umbildete, müssen wir zwei Typen von Städten betrachten, die in ganz besonderer Weise ideale Entwürfe und Notwendiges miteinander verbanden. Wir meinen die Festungsstädte und jene ersten Produktionsstädte, die in ihrem Ursprung bis in das ausklingende Mittelalter zurückreichen. Können wir denn überhaupt Städte mit so unterschiedlichen Funktionen vergleichen, Städte, die nur zum kriegerischen Zwecke gestaltet wurden, und Städte, in denen Menschen Produkte herstellten und Werte schufen? Außer daß beide Städte sind, haben sie auf den ersten Blick wenig gemeinsam. Und doch spiegeln sie beide die Geschichte und Entwicklung der Technik wider, denn sowohl die Produktion von Gütern oder die Förderung von Erz wie auch die Errichtung einer Wehrarchitektur setzten stets eine ganz besondere und sehr enge Verbindung mit der Technik voraus. Wir hatten das bereits beim Betrachten der mittelalterlichen Stadtbefestigung kennengelernt, die sich ja immer wieder der Weiterentwicklung und Verbesserung der Waffentechnik anpassen mußte. Und noch etwas ist interessant: Auch Produktionsstätten des 17. und 18. Jahrhunderts waren nicht selten befestigt, denn sie bildeten im Kriegsfalle ebenso wichtige Angriffsziele wie die Städte. Nahe bei der erzgebirgischen Stadt Olbernhau ist heute noch der Kupferhammer Grünthal erhalten, der Rest einer großen Seigerhütte, in der das in der Umgebung geförderte Kupfer zur weiteren Bearbeitung aufbereitet wurde. Die Hütte stellte eine kleine Stadt dar mit Werkstätten, Häusern für die Meister und einer Schenke – und sie war von einer Wehrmauer umgeben, also befestigt.

Im sächsischen und böhmischen Erzgebirge, in der Slowakei finden wir die ältesten solcher Produktionsstädte. Schon im späten Mittelalter hatten hier die Feudalherrscher herausgefunden, daß ihnen die Förderung des Erzes und dessen Aufbereitung gewaltige Vermögen einbringen konnten und eine glänzende Hofhaltung sicherten. Zunächst aber verfügten die Städte noch über die Macht, und in ihnen wohnten die Bergknappen. Schauen wir uns nur die prächtigen Stadt- und Domkirchen in Annaberg oder Freiberg an mit der Fülle herrlicher Kunstwerke in ihrem Innern. Die besten Baumeister und Bildkünstler konnte man sich hier zur Ausgestaltung der Prachtbauten leisten. Den Dom der Bergbaustadt Freiberg wählten dann auch die sächsischen Kurfürsten als Grabkirche und ließen damit ihren Anspruch auf den Gewinn aus der Arbeit der Bergknappen sichtbar werden: Am Dom entstand der besonders reich ausgeschmückte Bau der Gruftkapelle der Wettiner, der Familie der sächsischen Kurfürsten. Er tritt deutlich in das Platzbild vor! Und denken wir schließlich an die Schätze, die sich bis zum späteren 18. Jahrhundert im Besitz des Dresdner Hofes sammelten und die wir heute im „Grünen Gewölbe“ bestaunen. Der Erzbergbau und die Arbeit der Knappen ermöglichten erst die künstlerische Herstellung und schließlich das Zusammentragen dieses Reichtums.

Ebenfalls seit dem späten Mittelalter produzierten in Schmalkalden Handwerker Werkzeuge aus dem nahebei geförderten Eisenerz. Aus jener Tradition ist schließlich eine ganze Industrie gewachsen, die in unserer Gegenwart das wirtschaftliche Bild der Stadt und ihres Umkreises bestimmt. Das moderne Werkzeugkombinat und die alte Stadt bilden so einen historischen Zusammenhang.

In Annaberg ruht heute der Bergbau – eine der alten Produktionsstätten, in der man die sogenannten Zain-Stangen herstellte, aus denen dann die Geldstücke geschnitten wurden, blieb erhalten: der Frohnauer Hammer. Auch in Freiberg gibt es historische Schachtanlagen mit alter bergmännischer Technik, und die Bergakademie, 1765 gegründet, ist die älteste technische Hochschule der Welt! Damit nähern wir uns aber auch dem Zeitalter der industriellen Revolution, und wir finden eine erste Antwort auf die zu Beginn gestellte Frage, weshalb es denn eigentlich kleine und große Städte gebe. Die Produktion bedarf der menschlichen Arbeitskraft in weit umfänglicherem Maße als der Handel, als ein fürstlicher Hof. Annaberg, Schneeberg, Freiberg waren im 16. und 17. Jahrhundert bereits so etwas wie heute Industriegroßstädte. Hier zog es die Menschen hin, die arbeiten wollten – aber auch die, die davon ihren Nutzen hatten. Es waren Städte, in denen Werte geschaffen wurden für ein ganzes Land. Hier ging aber auch die gesellschaftliche Entwicklung rascher voran als in den feudalen Agrarländern – das 19. Jahrhundert wird uns das zeigen.

Ganz anders hingegen die Festung. In ihr prägte nicht die menschliche Arbeit und die Schaffung von Werten das Dasein, sondern der Kriegsfall. Stellte nicht schon einmal die Stadt eine Festung dar? In der Tat war sie das – für ihre Bürger. Aus der mittelalterlichen Stadt konnte sich das junge Stadtbürgertum gegen die Feudalmacht und andere – bisweilen auch konkurrierende Städte verteidigen. Mit dem Feudalabsolutismus waren jedoch Obrigkeitsstaaten entstanden, und wegen territorialer und machtpolitischer Forderungen gerieten die Könige und Fürsten immer wieder in Händel miteinander. Nicht mehr das Zusammenleben und der Handel, die Arbeit der Stadtbürger sollte nun geschützt werden – die Stadtfestung diente jetzt der Sicherung der Machtinteressen der Landesherren: So wurde nicht selten die Residenz selbst zu einer solchen Festung ausgebaut, und in Grenzstädten sowie an den strategisch entscheidenden Orten legten sie Garnisonen an. Wir hatten schon solch eine Verbindung von Residenz und Festung im alten Petersburg kennengelernt. Seit dem 17. Jahrhundert gab es allenthalben Pläne und Arbeiten zum Ausbau von Festungen und eine Fülle von Idealentwürfen. Dabei schrieb die Waffentechnik vor, welche Bauformen man wählen mußte. Dresden und Magdeburg, Torgau und Erfurt erhielten starke Festungswerke und Festungsgürtel entweder ringsum gebaut oder direkt neben den Wohnquartieren angefügt.

Einem Dornenkranz gleich legten sich nach idealen Plänen die mächtigen Mauerwerke um die Stadt; aus ihnen sprangen zackige Bastionen zur Aufstellung der Kanonen vor, darunter lagen finstere Kasematten für Munition und anderes Kriegsgerät. Wassergräben außerhalb der steilen Wände sollten den Zugang unmöglich machen. Im Vorland legte man einen zweiten und sogar einen dritten Festungsring an mit Schanzen für die Verteidiger und die weniger weitreichenden Feuerwaffen. Davor wiederum gab es Wälle und Vorwerke, um schon hier die Angreifer stoppen oder in die Zange nehmen zu können. Solch eine Festung hatte es in sich – auch für ihre Bürger! In Torgau zum Beispiel waren dreimal soviel Soldaten als übrige Stadtbürger untergebracht. Welche Lasten mußten da die Handwerker, Kaufleute und Tagelöhner tragen, selbst in friedlichen Zeiten! Die Festung hielt also auch die Stadt in

---

Die Festungswerke um Berlin

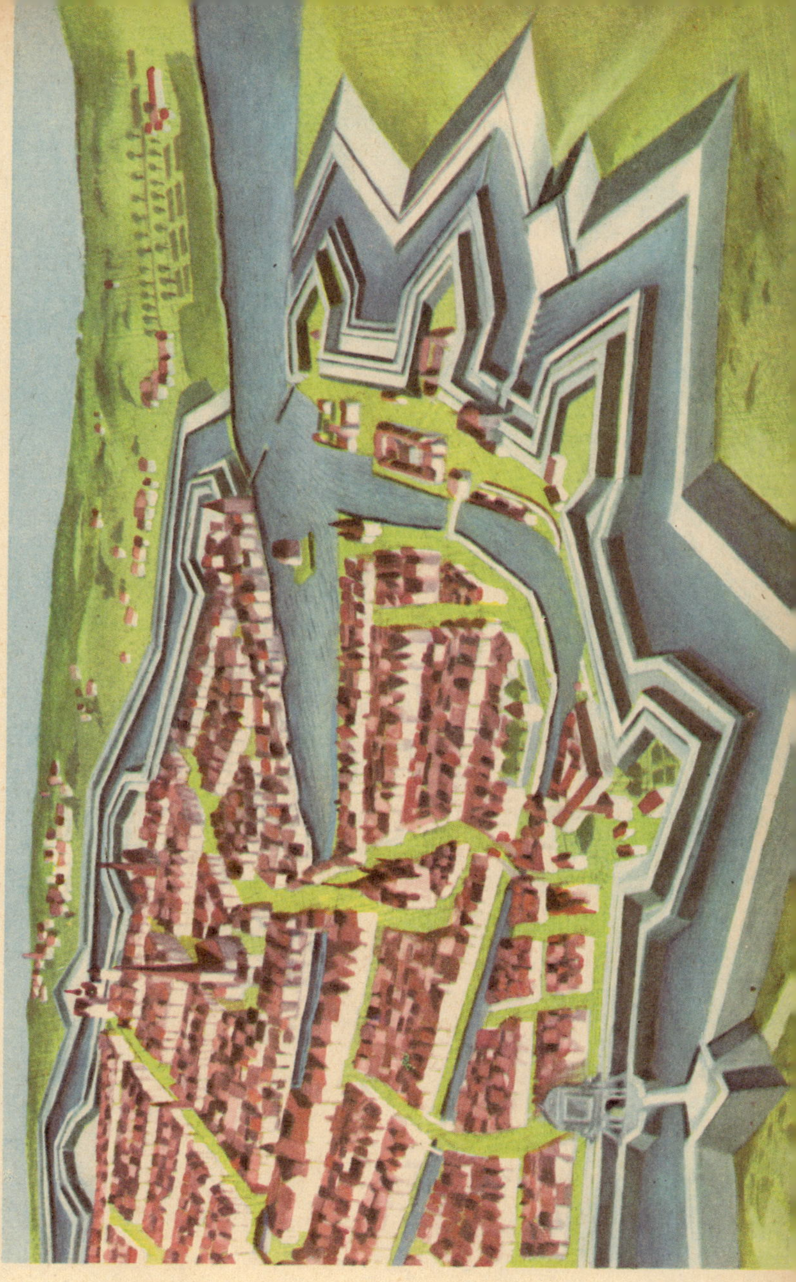

Schach. In Erfurt hatte sie der Stadtherr tatsächlich errichten lassen, um nicht nur die Stadt gegen Angreifer, sondern auch sich selbst gegen die Bürger verteidigen zu können. Die Festung Petersberg gehörte dem Erzbischof von Mainz.

Immer wieder waren solche Festungen umkämpft während der drei Jahrhunderte zwischen dem ausklingenden Mittelalter und dem Beginn des industriellen Zeitalters. Sie wurden zerstört und neu aufgebaut, ständig verstärkt und boten schließlich das Bild eines gepanzerten Platzes, vor dem jedes Leben in ständiger Gefahr war, vernichtet zu werden, und in dem der Raum zu eng zum Leben wurde. In Torgau und Magdeburg finden wir noch Schanzen, Bastionen, Wälle und Gräben in Resten erhalten, aus denen wir uns ein kleines und freilich nur unvollständiges Bild jener Festungen machen können. Als schon die Eisenbahn dampfte, baute man in der Festung Magdeburg noch dort, wo die Schienen in die Stadt führten, Bollwerke und Kanonentore. Die Festung schnürte jene Städte wie ein zu enger Gürtel ein, und die ständige Anwesenheit der Truppen des Landesherrn ließ sie in ihrer gesellschaftlichen Entwicklung dahindämmern.

## *Die Stadt wird zur Maschine*

In England und Frankreich hatten schon Ende des 18. Jahrhunderts findige Kaufleute und Unternehmer Maschinen bauen lassen, mit deren Hilfe ein Vielfaches von dem produziert werden konnte, was

Handarbeiter bisher leisteten. Diese Produktionsinstrumente besaßen aber nur einige wenige, die Vielzahl der kleinen Handwerker und Tagelöhner mußte sich nun als Arbeiter verdingen. Die Riesengewinne aus der Arbeit strichen die wenigen Maschinenbesitzer ein und bauten neue große Fabriken mit mehr Maschinen, brauchten dazu wiederum eine noch größere Zahl von Arbeitern, erzielten noch mehr Gewinn, bauten noch mehr Fabriken. Das hört sich recht einfach an, es ging indes nicht so glatt vonstatten, denn in den Städten erhoben sich zunächst die Handwerker und zerstörten die Maschinen, und die Arbeiter widersetzen sich der ständig wachsenden Ausbeutung. Aber die Herren der Fabriken und Maschinen verfügten über das Geld und damit über die Macht. Auch Bauland und Grundstücke, einst Besitz vieler Bürger, gerieten nun immer mehr in die Hand weniger, die es einfach von den verarmenden kleineren Kaufleuten und Handwerkern kauften. Das Zeitalter des Kapitalismus hatte begonnen. Die Unternehmer bauten ihre Fabriken nicht irgendwo in die Landschaft, sie stellten sie mitten in die Städte. Das hatte seinen Grund, denn hier gab es genug billige Arbeitskräfte unter der in reichem Maße vorhandenen armen Bevölkerung. Je mehr aber Fabriken entstanden, desto mehr Arbeiter wurden gebraucht – man nahm den, der kam. Und es kamen genug Leute vom Lande, wo die Gutsherren für schwere Arbeit nur einen Hungerlohn zahlten. Die Fabrik lockte mit ein paar Pfennigen mehr. „Stadtluft macht frei“, wurde von den Unternehmern als

Parole ausgerufen – wie frei aber und wovon? Wo sollten all die Menschen wohnen in der alten engen Stadt? Also ließen Unternehmer rasch und in großer Zahl Häuser bauen, in denen möglichst viele Bewohner unterzubringen waren, die aber den Bauherrn möglichst wenig kosten sollten. Damit wuchs die Nachfrage nach dem Bauland sprunghaft, dessen Besitzer aber wollten auch Anteil haben am großen Gewinn und trieben die Preise in die Höhe. So blieben für den Arbeiter vier nackte Wände innen und außen und ein Pappdach über dem Kopf – mehr waren nämlich diese nun Mietshäuser genannten Kasernen nicht.

Innerhalb weniger Jahre dehnten sich diese Städte über die Felder aus mit Häusern dicht bei dicht auf abgesteckten Flurstücken. Fabriken und Wohnhäuser wurden nebeneinander gesetzt, man legte keinen Wert auf Bäume und Gärten. Möglichst schnell mußte der Arbeiter in die Fabrik kommen, um dort ohne Zeitverlust zwölf und vierzehn Stunden lang tätig zu werden. Englische Städte des frühen 19. Jahrhunderts wirken wie Gefängnisse, und sie waren es tatsächlich für die Menschen, die hier lebten.

In Deutschland ging die kapitalistische Entwicklung und Industrialisierung langsamer vonstatten. Die Feudalzeit hatte das Land in kleine Einzelherrschaften zersplittert; einzelne Fürsten verboten zum Beispiel, Eisenbahnen durch ihr Land zu bauen, und ließen nicht zu, daß Fabriken errichtet wurden. Sie hatten Angst, ihre Untertanen liefen ihnen davon – so in Mecklenburg. Nun erkennen wir auch, weshalb gerade dort die Städte in ihrer mittelalterlichen Gestalt weiterbestehen blieben, denn die Häfen Rostocks, Wismars und Stralsunds wurden nicht ausgebaut und erweitert wie in Hamburg, Bremen, Antwerpen oder London. An der Ostseeküste gab es keine Industrie. Ganz anders im Süden. Man baute nicht nur die erste Ferneisenbahn in den deutschen Landen zwischen Leipzig und Dresden, hier schossen auch die Fabriken gleichsam aus dem Boden, wo die alten Gewerbe der Tuchherstellung und der Werkzeugfertigung zu Hause waren. Chemnitz, das heutige Karl-Marx-Stadt, und Zwickau wurden zu den ersten Industriemetropolen neben den Zentren des Ruhrgebietes und der oberschlesischen Bergbauindustrie. Ganze Arbeiterstädte nur aus Fabriken und billigen häßlichen Mietskasernen wurden einfach in die Landschaft gestellt. Noch heute kämpft man in Belgien wie in Polen, der Tschechoslowakei und anderen Industrieländern mit diesem traurigen Erbe der hochproduktiven kapitalistischen Städte, in denen der Gewinn alles – der Mensch bestenfalls eine Ware als Arbeitskraft darstellte. Berlin wurde nach der Mitte des vorigen Jahrhunderts zur schlimmsten deutschen Mietskasernenstadt. Hier trafen Profitgier, Industrialisierung, Armut, Reichtum und Prunkstreben hart aufeinander. Nach dem militärischen Sieg über Frankreich erlebte die nun zur deutschen Hauptstadt aufgerückte preußische Metropole ihre größte Ausdehnung – und sie bekam ihr am schlechtesten. Auf dem Prenzlauer Berg und rings um den Friedrichshain und den Kreuzberg, in Moabit und Wedding wuchsen Haus neben Haus mit oft drei und mehr düsteren Hinterhöfen, in denen nicht nur die Menschen, sondern dazu noch Fabriken untergebracht wurden.

Wir sollten nicht verkennen, daß in diesen Städten auch viele neue kulturelle Einrichtungen gebaut worden sind, Theater, Konzertsäle, Kaffeehäuser, Parks und Vergnügungsstätten. Aber sie entstanden nicht in den Arbeitervierteln, sondern da, wo das Großbürgertum in prachtvoll ausgestatteten großen Häusern wohnte, an den Geschäfts- und Hauptstraßen und großen Plätzen. Damit gab man aber zugleich der Stadt ein anderes Gesicht, denn die Kaufherrenhöfe aus der Renaissance- und Barockzeit mußten nun neuen Kaufhäusern und Bürogebäuden weichen, die an ihre Stelle traten. Zeughäuser und Pulvertürme riß man nieder oder baute sie um zu Theatern und Banken. In den Residenzen schließlich erhielten die barocken einstigen Prachtstraßen ein aus den alten Formen gewebtes neues und noch reicheres Gewand. Mit dem Bau solcher Prachtarchitekturen wollte die neue herrschende Klasse, die Bourgeoisie, zeigen, daß sie jetzt die wirtschaftliche Macht besaß und sich Kunst und Kultur in jeder beliebigen Menge leisten konnte. Es kam wirklich auf die Menge an, nicht auf die Qualität! Viele Fassaden entstanden einfach aus Gips; und Palais oder Schlösser baute man nach, wie sie vor einem oder

Hinterhöfe der kapitalistischen Großstadt

Erster-Hof
14
Holz
Kohlen

zwei Jahrhunderten entstanden waren. So prägte man in jener Zeit des vorigen Jahrhunderts auch das Wort von den Fabrikfürsten und Bankkönigen, und an den Banken, Börsen und Wohnpalästen finden wir die Architektur der Königs- und Fürstenschlösser wiederholt. Nicht nur das einzelne Haus, die gesamte Prachtarchitektur einer Stadt sollte zu einem Symbol nationaler Macht werden.

Hinter den Fassaden der Prachtstraßen liegen die grauen Viertel der Mietskasernen und Fabriken. Der Widerspruch jener Klassengesellschaft offenbart sich in der Stadt, in ihrem Bilde selbst.

Gas, Licht, Elektrizität waren zunächst nur für die Viertel der Wohlhabenden da. Wasser brauchte man zum Leben und zum Produzieren. Wohin aber mit den Abwässern? Kanalisationen und Wasserleitungen wurden nötig und auch gebaut. Nicht jede Stadt aber hatte die Gelder dafür, denn nicht jede konnte wie die Fabriken neu errichtet werden. Also baute man einfach die mittelalterlichen Gruben und Kloaken neben den Häusern aus, wo nun die Abfälle hinwanderten. Damals beachtete man weitblikkende Männer nicht, die davor warnten, das Grundwasser durch giftige Abwässer aus den Fabriken zu verderben. Es gibt Städte, in denen nicht einmal eine durchgängige Kanalisation für die Toiletten gebaut wurde, weil das zu teuer war. Freiberg, Altenburg und eine Reihe anderer Städte dieser Größen-

---

Die Wiener Ringstraße, eine der schönsten städtebaulichen Anlagen des 19. Jh.

Wien

ordnung kranken noch heute an den „Trockenklosetts“ jener Epoche, so daß wir viele Mittel aufwenden müssen, um diese traurige Hinterlassenschaft des kapitalistischen Städtebaues zu beseitigen. Stralsund bezog sein Trinkwasser bis in die ersten Jahre unseres Jahrhunderts noch aus den Teichen zwischen der Stadt und dem Bahnhof. Nun wird uns klar, weshalb es immer wieder zu schlimmen Seuchen kommen mußte. Nicht aus Unvermögen oder mangelndem Willen der Stadtbewohner blieben diese mittelalterlichen, für die wenigen tausend Bürger im 15. und 16. Jahrhundert gerade noch tragbaren – für die vielen tausend Bewohner der Stadt des 19. Jahrhunderts aber lebensgefährdenden Zustände bestehen. In den Räten hatten Unternehmer und Spekulanten Sitz und Stimme. Die Hygiene der Altstadt war für sie uninteressant, denn sie hatten ihre Stadthäuser an Kleinbürger und Arme vermietet. Die Sozialstruktur der Altstadt wandelte sich damit ganz entscheidend: Wo einst die reiche Kaufmannschaft saß, da wurden nun die mehr und mehr verarmenden Schichten des Kleinbürgertums untergebracht, nachdem sich die Großbürger jenseits der alten Armenviertel und vor den Toren der Stadt eigene Quartiere mit glanzvollen Villen und Wohnhäusern zwischen Alleen und Gärten angelegt hatten. Die zur Innenstadt gewordene Altstadt aber erhielt immer mehr den Charakter einer Wohnmaschine mit dem lauten Getriebe des Straßen- und Geschäftsverkehrs.

## *Der Wandel zur Industriemetropole*

In manchem ist die Stadt am Ende des vorigen Jahrhunderts noch ihrer mittelalterlichen Großmutter vergleichbar, wie wir gesehen haben. Doch die Zusammenhänge der Entwicklung und Veränderung ihrer Gestalt werden vielschichtiger und komplizierter. Herr und Knecht, Burg und Haus, Macht und Arbeit kennzeichneten das Leben in der Stadt von einst. Während der feudalabsolutistischen Zeit waren zur Macht der Prunk und zur Arbeit die Fron und die Leibeigenschaft hinzugekommen, zur Burg das Schloß und zum Haus der Katen. Nun, vor einem guten Jahrhundert, mußten plötzlich zu alldem die neuen Fabriken, die Börsen und Banken gebaut werden, ergab sich die Notwendigkeit, für den Bau der Eisenbahnen Dämme zu schütten und Gräben zu ziehen; man mußte Bahnhöfe anlegen. Das waren Bauaufgaben, für die es in der Geschichte keine Vorbilder gab. Als die ersten Schienenwege entstanden, war man bestrebt, sie so nahe wie möglich an die Stadt heranzuführen. So lagen die ersten Bahnhöfe oft direkt an der Stadtmauer – in Berlin war das nicht anders als in Leipzig, London oder Paris. Bald schon erwies sich die Eisenbahn als eines der entscheidenden Instrumente zur raschen Industrialisierung: Entlang den Schienen wuchsen die Fabriken und dicht dabei die Arbeiterquartiere aus dem Boden. Zwei, drei und mehr Bahnstrecken wurden innerhalb weniger Jahre zu den großen Städten gebaut, jede wurde von einer privaten Gesellschaft betrieben, und alle wollten an möglichst günstigen Plätzen ihre Bahnhöfe errichten. Die Stadtgrundrisse nahmen die Form von Spinnennetzen an, von denen in alle Richtungen Haltefäden der Eisenbahnlinien und Straßen ausgingen, dazwischen verwoben sich die Verbindungswege um die neu entstehenden Vorstädte. Aber die stählernen Lebensnerven durchtrennten auch die Stadt in sich selbst. Hatten sie anfänglich die Richtungen der Stadterweiterung bestimmt, so verhinderten nun ihre Dämme und Einschnitte mit den Gleisanlagen deren Verbindung. In einigen Großstädten kam man schon bald auf den Gedanken, die Eisenbahn unter der Erde fahren zu lassen – eine der wohl weitestblickendsten Überlegungen jener sonst von Gewinnstreben so beherrschten Epoche. In London und Paris verwirklichte man auch bald diese Ideen und baute große Tunnelsysteme für die Eisenbahn oder überbaute einfach deren Gleisanlagen.

Die Bahnhofsgebäude wurden nun nicht nur in den heranwachsenden Großstädten die eigentlichen neuen Zentren. Während hier vor den oft schloßartigen Empfangsbauten repräsentative Plätze angelegt und gestaltet worden sind, führte man in kleineren Städten breite Hauptstraßen zum Bahnhof hin, an denen sich bald eine ganze Reihe ebenso neuer städtischer und industrieller Verwaltungen ansiedelte. So erhielt die „Bahnhofstraße“ ein ähnlich prächtiges Gesicht wie hundertfünfzig Jahre vorher die barocke Schloßachse.

Eisen war der neue Baustoff. Hatte man bisher

Holz und Stein verwandt, um Häuser zu errichten, so erprobte man mit der Entwicklung des Hüttenwesens auch dessen Produkt auf seine Tauglichkeit zum Bauen: zunächst das Gußeisen, aus dem Säulen und Tragelemente hergestellt und Brücken oder – wie in Nordamerika – hohe Häuser zusammengeschraubt wurden. Doch erst das Schmiedeeisen und der Stahl ermöglichten die Errichtung großer und weitspannender Eisenkonstruktionen, aus denen dann die Bahnhofshallen, Brücken und ganze innere Traggerüste für Häuser montiert werden konnten. Auch die äußerlich so reich verziert und gewaltig wirkenden Justiz- und Bankpaläste und deren hohe Kuppeln konnte man über einer solchen Eisenkonstruktion zu neuen Kronen der Stadtbilder aufführen.

Um die Wende des 19. zum 20. Jahrhundert schließlich nahmen die Städte ein immer bunteres Bild an, denn nicht nur mit Säulen und Bildwerken, auch mit Farben wurden nun ihre Bauwerke geschmückt. Die Bau- und Kunstforscher hatten herausgefunden, daß in der Renaissance- und Barockzeit und auch in der Antike die Häuser gar nicht so grau und einfarbig aussahen, wie man es in der ersten Hälfte des 19. Jahrhunderts von den alten Städten glaubte und als ein Ideal ansah. Die Kunst der Römer und Griechen hatte lange als das Maß aller Dinge gegolten, man freute sich am weißen Marmor, an den hellen Tempelfassaden und den grauen Steinsäulen, die in den Ländern der Alten Welt ausgegraben wurden. Nun aber stellte sich heraus, daß alles gar nicht so einfarbig gewesen war, wie die „Klassizisten“ – die Künstler, die in den Formen der Antike nachbauten und nachbildeten – geglaubt hatten. Solch eine Feststellung kam schon einer künstlerischen Revolution gleich. Jeder wollte es nun den alten Meistern auch in der Farbe gleichtun. Man bemalte ganze Fassaden mit riesigen Bildern. Dazu gab es aber noch eine andere neue Kunsthaltung, die davon ausging, daß in der Natur selbst die idealen Formen vorhanden seien. Mit dem Eisen stand ein Baustoff zur Verfügung, der biegsam ist wie Pflanzenstengel, mit dem man Blumen- und Blattmotive nachbilden und schließlich stilisierend zu Architekturen zu formen vermochte. „Art nouveau“ – neue Kunst – nannten die Franzosen das, und sie gestalteten zum Beispiel die Pariser Untergrundbahn und die Wiener ihre Stadtbahn mit solch schmückenden Baudekorationen aus. Innerhalb dieser Bewegung wurde dann aber auch der Ruf nach Zweckmäßigkeit laut, und man forderte, daß ein Bauwerk, ja die Stadt selbst so sinnvoll zu gestalten sei, daß in ihr die Notwendigkeit für ein gesundes Leben mit den Erfordernissen des Verkehrs, Handels und den übrigen Funktionen einer Stadt in Einklang gebracht werden müßten. Freilich sollte das ein ebensolches Ideal bleiben wie die Pläne der Renaissancemeister für eine Stadt, denn die Weltmachtbestrebungen der kapitalistischen Industriestaaten bereiteten keine Revolutionierung der Ge-

---

Chicago, eine Millionenstadt vom Reißbrett

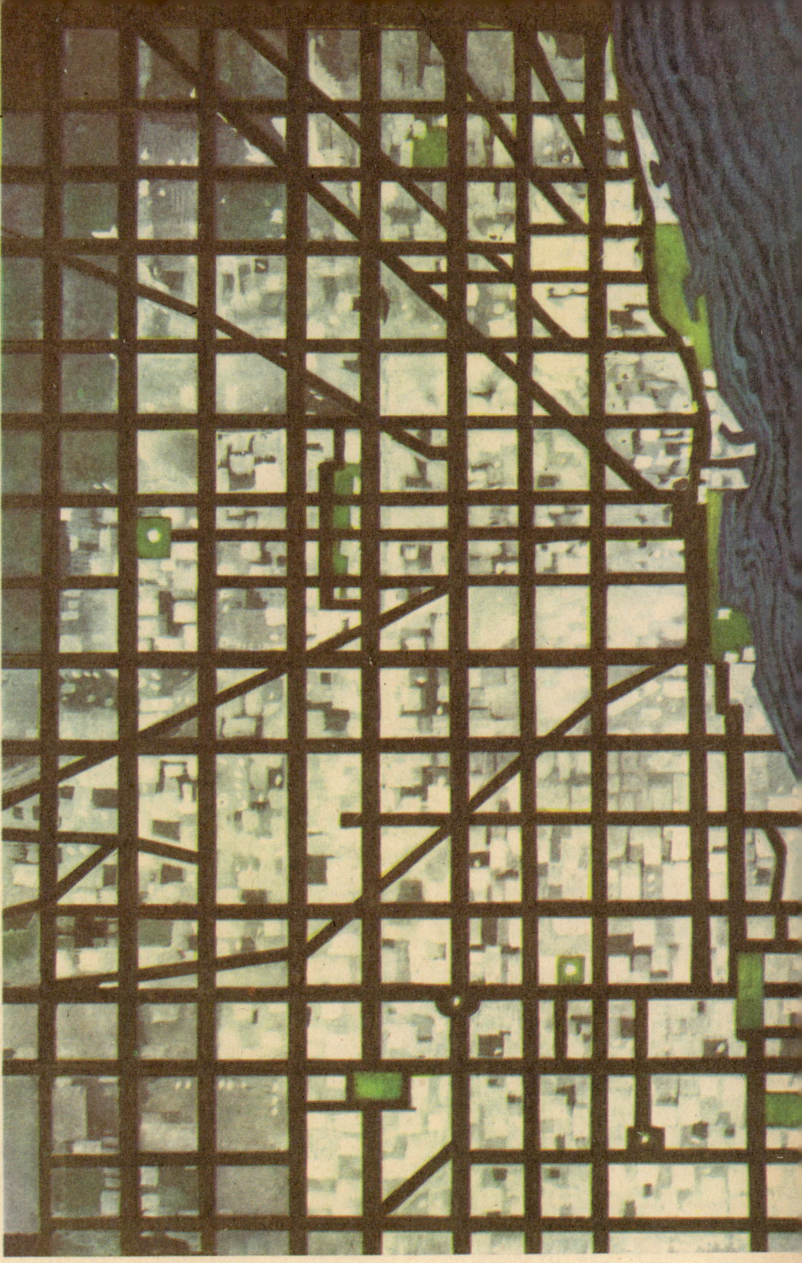

sellschaft, sondern den ersten imperialistischen Weltkrieg vor.

Der eigentliche Wandel der Stadt vollzog sich im 19. Jahrhundert fernab von uns in Amerika. Hier hatte die kapitalistische Gesellschaft bereits ihre Vollendung erfahren, und alles unterlag dem Geschäft. Man legte einfach eine Stadt an und baute. Nehmen wir ein Beispiel: Chicago. 1804 standen im Staate Illinois um das Fort Dearborn ein paar kleine Blockhäuser, und 1830 lebten ganze 70 Menschen an dem Ort. Achtzehn Jahre später verzeichnete man bereits 20000 Einwohner, nachdem man einen Kanal zwischen den großen Seen gegraben und damit die Voraussetzung für den Bau von Fabriken geschaffen hatte. 1870 wohnten 300000 Menschen in Chicago und nach weiteren fünfzig Jahren nahezu drei Millionen. In knapp einhundert Jahren war eine mehrfache Millionenstadt emporgeschnellt, mehr als 500 Quadratkilometer Land bedeckend. Das hatte es noch nicht gegeben, das waren zeitliche und räumliche Dimensionen, die für Europa fast unbegreiflich blieben. Wie hatten das die Amerikaner gemacht? Mit Geld und brutaler Härte: Der Mensch wurde einfach „importiert“ wie Kohle oder Eisen. In solcher geschäftsmäßigen Nüchternheit und Kälte legte man auch die Stadt an; mit Lineal und Bleistift aufs Papier gebracht, übertrug man die Quadrate einfach auf ein Stück Landkarte, wo die Industrie entstehen sollte, ging in die Natur, steckte

ab, verkaufte, und die Unternehmer begannen zu bauen. Das klingt simpel, und das war es auch für die kapitalkräftigen Bauherren. Bedenken kannten sie nicht, wie es den Menschen gehen würde in diesen mathematisierten Städten, ob es später einmal Luft und Sonne in den Häuserschluchten geben würde. Man hatte doch eine moderne Kanalisation gebaut, Gas und auch schon elektrisches Licht, Eisenbahnen unter der Erde. Was wollten die Leute eigentlich noch? In ihren Häusern gab es Fahrstühle, und jede Straße kennzeichnete eine Nummer. Ja eben, alles hatte eine Nummer, auch der Mensch, denn mehr ist er in solch einer Stadt nicht. Die rationell angelegten Städte mit ihren berechneten Verkehrswegen und günstigsten Transport-, Lager- und Umschlageinrichtungen waren schon vollendet – für das kapitalistische Produktionssystem. In jenen Jahren, um 1920, gab es in Chicago mehr als neuntausend Großunternehmen. Natürlich verfügte eine solche Stadt über Theater und Konzerthallen, es gab Parks und auch schon Kinos. Aber das waren ja ebenfalls Unternehmen, um Geld zu verdienen.

Chicago, New York, San Francisco, Detroit – mit diesen Namen verbinden wir sogleich die Vorstellung von Wolkenkratzern, die, den Türmen einer mittelalterlichen Stadt gleich, emporragen, nur viel höher und viel dichter. Beide haben hierin tatsächlich etwas Gemeinsames: Sie sind Symbole der Macht, die sich in der Stadt niedergelassen hat und die sich in ihrem Bilde ausdrückt. Das Stadtbild ist also immer ein Spiegel von Geschichte und Politik.

## *Die Stadt unter der Stadt*

Während wir dennoch die Leistung bewundern sollten, die sich in solch gewaltigen Städten versinnbildlicht, die riesenhaften Hochbauten sind ja zugleich Zeugnisse einer Meisterschaft der Konstrukteure und Architekten, kommt uns ein anderer Gedanke. Bisher hatte man die Stadt immer nach oben gebaut, das heißt, man hatte auf der Erde über Fundamenten und Kellern Häuser errichtet, Kirchen und Türme emporgeführt. Nun boten die technischen Baustoffe und Geräte die Möglichkeit, dem Zwang der Verhältnisse nachzukommen und die Stadt auch nach unten zu bauen. Die Stadt wuchs also in die Erde?

In der Tat mußte sie das. Wir sprachen ja bereits von den hygienischen Zuständen in den alten Städten, davon, daß sie um so unerträglicher wurden, je mehr Menschen in die Städte zogen, je mehr Fabriken schließlich entstanden. So kam es zunächst in den größten Städten, den Ballungszentren von Produktion und Kommunikation – von Arbeit und Begegnung der Menschen –, zum Bau der unterirdischen Stadt. Man konnte nicht mehr die Abwässer auf die Straße laufen lassen und mit Ratten und Mäusen auf einer Ebene leben. Unter Straßen und Häusern wurden also ganze Systeme von Gängen und Schächten gegraben, in die nun die Abwässer flossen. Kaum einer von uns betritt wohl einmal diese unterirdische Stadt; nur wenn sich plötzlich vor uns auf der Straße ein Gullideckel öffnet und

Arbeiter emporsteigen mit komplizierten Geräten, dann ahnen wir, daß dort unten etwas Wichtiges vor sich gehen muß. Hier befindet sich der Bauch, das Gedärm der Stadt. Es riecht sicher nicht gerade angenehm, wo die Abwässerströme in breiten Rinnen fließen, aber wie der Mensch nicht ohne seine Verdauungsorgane leben kann, so ist die Stadt ohne funktionierendes Kanalisationssystem zum Tode verurteilt. Unter der Erde sind aber auch die Schächte und Kanäle für die Versorgungsleitungen, für Gas, Elektrizität und Wasser. Selbst in kleinen Städten gibt es dieses Leben unter den Straßen.

Als man in Paris, Budapest und London vor hundert Jahren die Stollen grub für Untergrundbahnen, erschloß man damit die Erde unter der Stadt auch als Verkehrsraum. Beinahe zu jeder Millionenstadt gehört heute eine U-Bahn wie in Berlin, eine Metro wie in Moskau – oder sie ist im Bau. In Moskau, New York oder Tokio fahren mehr Menschen unter der Erde als darüber! Was Architekten und Städteplaner in den zwanziger und dreißiger Jahren als Möglichkeit erkannten, das Chaos der vom Kapitalismus überbelasteten Stadt zu entflechten, das wird heute von uns aufgegriffen – nun aber unter dem Gesichtspunkt, eine neue Stadt zu bauen, eine Stadt für den Menschen.

## *Unsere Stadt*

Die Enge mittelalterlicher Städte aufzuweiten und in ihnen die Lebensverhältnisse zu bessern, gab es immer wieder Versuche, Plätze und neue Straßen entstanden. Napoleons III. Präfekt Haußmann ließ in Paris Mitte des vorigen Jahrhunderts aus diesem Grunde die großen Ringstraßen und Boulevards in das dichte Häusermeer brechen und schuf auf diese Weise ein ganz neues Stadtbild. In der Zeit der bürgerlichen Revolution unternahm eine Reihe von Künstlern und Baumeistern in vielen Ländern zumindest zeichnerische Versuche, eine neue Stadt für den arbeitenden Menschen zu entwerfen. Gebaut wurde keine. Erst viel später, als sich die Arbeiter in Gewerkschaften zusammengeschlossen hatten, da entstanden erste städtische Arbeitersiedlungen in ganz neuem Gewand – bis dahin aber kamen die Auftraggeber für den Bau von Häusern, Palästen und Fabriken immer aus der herrschenden Klasse.

Nun ist eine Arbeitersiedlung noch keine Stadt, sondern bestenfalls ein Teil davon. Dennoch zeichnen sich in den von demokratisch gesinnten und sozial denkenden Architekten geschaffenen Siedlungen und Wohnquartieren eine ganze Reihe neuer Bauideen ab. Licht, Luft und Sonne konnten in die Wohnräume dringen, es gab Bäder, Balkons und Grünzonen. An der Erich-Weinert-Straße in Berlin entstand in den zwanziger Jahren ein solches Wohngebiet, das von den Zerstörungen des Krieges verschont geblieben ist. Eine der bedeutendsten und als richtunggebend betrachteten Wohnanlagen ist der Karl-Marx-Hof in Wien. Mit solchen Bauten und im Verein mit Architekten, Künstlern und Handwerkern, die sich in Schulen wie dem Bauhaus – in Weimar und bis zu seiner Schließung durch die Faschisten in Dessau – zusammengefunden hatten, begannen sozial denkende Stadtverwaltungen erste Zeichen für die Stadt von morgen, für unsere Stadt zu setzen.

Im zweiten Weltkrieg gingen viele Städte in Flammen auf – Rotterdam, Kiew, Warschau, Wesel oder Dresden. Was sollten die Menschen tun angesichts der rauchenden Trümmer? Konnte man überhaupt noch etwas anfangen mit dem, was einmal die Stadt war?

Unser Land hatte sich verändert. Die Arbeiterklasse ging an den Aufbau einer neuen Gesellschaft, in der sich das verwirklichen sollte, wofür sie fast ein Jahrhundert gekämpft hatte: die Befreiung des Menschen von Ausbeutung und Unterdrückung.

Eine neue Stadt war zu bauen, die darstellen sollte, daß die Bodenspekulation nicht mehr existierte und das Bauland nicht mehr einigen wenigen, sondern der gesamten Gesellschaft gehört. Noch aber fehlten in der Not der ersten Nachkriegsjahre die wichtigsten Voraussetzungen zum Bau einer ganzen Stadt – Maschinen und Baumaterialien. Eine Straße zumindest sollte die neuen gesellschaftlichen Verhältnisse symbolisieren, eine große

---

Die neue Lange Straße im alten Rostock

breite Allee, in der nicht mehr die Banken und Konzernverwaltungen, sondern Wohnhäuser für arbeitende Menschen das Bild prägen. So entstand die heutige Karl-Marx-Allee zwischen dem Straußberger Platz und dem Frankfurter Tor mitten im traditionsreichsten Berliner Arbeiterbezirk.

1,7 Kilometer lang und 80 Meter breit, verwirklicht diese Straße ein neues Bild von der Stadt. Aber nicht nur Wohnungen entstanden in den zunächst noch in Ziegelbauweise errichteten großen Häuserblocks. Gesellschaftliche Einrichtungen fügen sich ein, und in den Erdgeschossen wurden durchgehend Geschäfte, Restaurants und Versorgungs- und Dienstleistungsbetriebe untergebracht. Zur gleichen Zeit wie der ältere Teil der Karl-Marx-Allee in Berlin entstanden in Leipzig die Ringbauten, der zentrale Platz in Magdeburg, der Dresdener Altmarkt neu in klassischen Bauformen; die Häuser der Langen Straße in Rostock versuchen einen Bezug zu den mittelalterlichen Architekturen der Backsteingotik aufzunehmen.

Nun gibt es nicht nur beim Bau einer Stadt die Fragen nach dem Nötigen und dem Möglichen, nach dem, was Schönheit und was Zweckmäßiges ist. Die damit verbundenen Vorstellungen unterliegen wie alles im Leben und wie wir selbst dem ständigen Wandel. Wenn wir gestern das grüne Fahrrad mit den hellen Reifen modern und schön und ausreichend fanden, so haben wir heute schon ein anderes Ideal, ein rotes Moped mit blanken Felgen. Wir sehen also, daß sich nicht nur das äußere Bild der

Dinge, sondern auch ihre innere Zweckmäßigkeit und Leistungskraft, unserem Wunsch nach Verbesserung entsprechend, ändern sollen. Als die Karl-Marx-Allee gebaut wurde, waren die Menschen froh, wenn sie überhaupt ein Fahrrad besaßen – heute wird der Trabant schon zu klein. Was wollen wir damit andeuten: Wie sich unsere Vorstellungen und Bedürfnisse ändern und erweitern, so nimmt auch die Stadt in ihrer Gestalt ständig neue und von uns auf Grund der Weiterentwicklung von Technik und Baukunst entworfene Formen an.

Die erste sozialistische Stadt, Eisenhüttenstadt, sieht demzufolge schon ganz anders aus als die erste sozialistische Straße in Berlin. Es gab nun Stahl und Beton, um Hochhäuser zu errichten. Das aber ist nicht das eigentlich Neue an dieser Stadt. Sie entstand vielmehr als abgeschlossene Anlage mit einem Zentrum und den Wohnkomplexen gemeinsam mit dem Eisenhüttenkombinat, in dem sich die Zusammenarbeit zwischen zwei Völkern symbolisiert. Von unserem polnischen Nachbarn kommen nämlich Erz und Kohle für dieses Werk, und für unsere beiden Länder werden hier Eisen und Stahl produziert. Eine Stadt entstand für zwei Völker.

Eisenhüttenstadt war die erste – Schwedt, Hoyerswerda und Halle-Neustadt sind die jüngsten Städte, die völlig neu geplant und gebaut wurden. Damit fiel das entscheidende Wort: planen. Unter den Voraussetzungen der kapitalistischen Gesellschaftsordnung entstehen Städte oft auch noch heute ohne einen einheitlichen Gesamtplan, denn die Grundstückspreise und Spekulationen bestimmen, wo und in welcher Form sie sich entwickeln und wie sie schließlich aussehen. Wir nennen die Endstufe solcher Städte mit Recht chaotisch, weil die scheinbare Freiheit, so bauen zu können, wie man will, eben zur Unordnung und zu gegenseitiger Übertrumpfung der Bauwerke führt. Nicht nach dem sozialen Grundsatz, nicht für den Menschen – für das Geschäft wird gebaut. Selbst die Landschaft rings um diese Städte wird in gleicher Weise ausgebeutet, da es keine von Wissenschaftlern, Städtebauern und Politikern gemeinsam erarbeiteten Grundsätze für den Bau der Stadt gibt. Landschaftsschutzgesetz und Denkmalschutzgesetz, die Geschichte und Umwelt berücksichtigenden Grundsätze und Verordnungen sind Errungenschaften erst unserer Zeit.

Die Stadt ist ein Organismus aus Bauwerken, Räumen – wir meinen damit Straßen und Plätze –, aus Gärten, Parks und vor allem Menschen. Ein so kompliziertes und feinnerviges Gebilde kann man nicht wie einen Blumentopf irgendwo in die Landschaft stellen, das haben wir erkannt. Die Stadt bedarf bestimmter Voraussetzungen, die wir am besten unter dem Begriff der Arbeit zusammenfassen. Ein Hafen, ein Markt oder eine Kreuzung von Handelsstraßen waren es früher, die Städte entstehen ließen. Ein großes Werk ist es in Eisenhüttenstadt, ein industrielles Ballungsgebiet forderte in Halle den Neubau einer ganzen Stadt.

Wie war es noch vor fünfzig Jahren in solchen Industriezentren? Häuser und Straßen schlossen sich unmittelbar an die Fabriken an, Bäume, Sträucher, Wohnungen verrußten, und die Gärten blieben selbst im Sommer grau. Die Sonne kämpfte sich kaum durch den Dunstschleier aus Industrieabgasen. Merseburg, Bitterfeld, Mansfeld leiden noch jetzt unter diesen Standorten, die ihnen die kapitalistische Industrialisierung bescherte. Anders in Eisenhüttenstadt – hier sind Werk und Stadt voneinander getrennt und doch verbunden. Die Waldlandschaft ringsum blieb bewußt erhalten, um Sauerstoff zu spenden und Schmutz zu absorbieren. Die Umwelt ist also bereits ein Teil des Planes zu einer Stadt. Halle-Neustadt wuchs neben der mittelalterlichen Stadt, aus der in den ersten Jahrzehnten unseres Jahrhunderts eine Industriemetropole wurde. Zwischen beiden erstreckt sich die breite Saaleaue. Sie entwickelte sich in wenigen Jahren zu einem grünen Erholungsraum für die rund 120000 Einwohner der neuen und die etwa 300000 der alten Stadt. Die gewaltigen Produktionsanlagen von Leuna und Buna aber, deren Arbeiter hier wohnen, liegen ein beträchtliches Stück entfernt, und die Hauptwindrichtung treibt die Industrieluft nicht zur Stadt hin, sondern von ihr weg. Nun ist das nicht neu, denn wir erinnern uns, daß ja im alten Babylon schon der Wind wie ein Naturventilator wirken konnte. Warum sollen wir uns solche uralte Erfahrung nicht zunutze machen, nachdem wir sehen, wie in den Straßenschluchten von Tokio und New

York sich die verbrauchte und verschmutzte Luft voller Abgase staut und die Menschen bedroht!

Warum bauen wir dann aber ebenfalls Hochhäuser mit zwölf und mehr Etagen und konzentrieren Zehntausende von Menschen in neuen Wohnstädten? Die Antwort ist einfach: Wir haben kein Bauland zu verschwenden, denn unsere Städte werden weiter wachsen. In der Landwirtschaft übernehmen Maschinen die schwere Arbeit, die bisher von Menschen verrichtet wurde, auch hier entstehen stadtähnliche neue Siedlungen. So wird in absehbarer Zeit jeder zweite Mensch in einer Stadt leben. Bei uns werden es sogar bald 70 oder 80 Prozent der Bevölkerung sein, denn die DDR zählt zu den höchstindustrialisierten Ländern der Erde. Wollte man jede Familie in einem kleinen Häuschen mit Garten unterbringen, so bliebe überhaupt kein Land mehr frei. Ordnung und Planung sind also dringend erforderlich, sollen sich unsere Städte nicht uferlos ausdehnen. Je größer das Gebiet einer Stadt nämlich wird, desto länger und schwieriger werden auch die Verkehrsverbindungen in ihr. Verdoppelt zum Beispiel eine Stadt ihre Einwohnerzahl, so steigen die Verkehrsleistungen, die mit Autos, Straßen- und Schnellbahnen erbracht werden müssen, auf das Achtfache. Das haben unsere Verkehrsfachleute errechnet. Es ist nicht schwer, dem die Aufrechnung des dazu nötigen Aufwandes für Straßen und Schienenwege und den Energiebedarf hinzuzufügen. Mit Energie, Baustoffen und Bauland muß also sorgsam gewirtschaftet werden.

So beginnen wir damit, auch die alte Stadt zu ordnen, zunächst in Wohn- und in Produktionsgebiete. Für die Wohnquartiere hat das den Vorteil, daß allmählich Lärm und Schmutz der Fabriken aus ihnen verschwinden, während sich für die neu zusammengefaßten Produktionsstätten Vorteile für eine bessere und unkompliziertere Zusammenarbeit ergeben, bisher lange Transportwege kürzer werden. Die Arbeit der Menschen erleichtert sich.

Dabei stoßen wir zwangsläufig auf ein Problem. Was wird aus den Bauwerken, die in vielen Städten noch aus dem Mittelalter und den darauffolgenden Jahrhunderten erhalten blieben?

Sie stellen neben dem Wohnen und dem Arbeiten die dritte Wertgruppe unserer Stadt dar. Sie sind Zeugnisse unserer Geschichte, ein bedeutender Teil des kulturellen Erbes, aus dem heraus sich unser heutiges Leben entwickelte.

Der historische Stadtkern bestand in der Regel bereits vor der kapitalistischen Industrialisierung der Städte. In Neubrandenburg liegt er innerhalb der Wehranlagen. Leipzigs historischen Kern umschließt die große Ringstraße, die an Hauptbahnhof und Rathaus vorbei um die Innenstadt führt. Sie entstand, als man in der zweiten Hälfte des vorigen Jahrhunderts die alten Festungswerke abriß und an ihrer Stelle eine breite Promenade schuf. Das geschah damals in vielen großen Städten, da nun die Bollwerke überflüssig wurden und die Ausdehnung der Stadt behinderten. In Paris legte man die großen Boulevards rings um die Altstadt an, in Wien entstand die Ringstraße mit ihrem schönen Gebäudeschmuck.

Viele dieser Stadtkerne sind alles andere als mittelalterlich, sie wurden immer wieder neu bebaut, und dennoch blieben dazwischen die wertvollsten historischen Häuser und Kirchen erhalten. Auch zeigt ihr Grundriß – so in Leipzig – noch ganz deutlich jenes alte Straßengerüst, das auf den Markt orientiert ist.

Es gibt aber auch Städte, die voller historischer Bauten sind, in denen wir nahezu an jeder Ecke auf mittelalterliche Kirchen, Klöster, Renaissance- und Barockbürgerhäuser, Palais, alte Mühlen, Brücken und Türme stoßen – denken wir einmal an Erfurt. Freiberg, Görlitz, Eisenach, Altenburg oder Wismar haben große historische Stadtkerne, in denen viele wertvolle alte Gebäude stehen. Überall wohnen Menschen in ihnen, gibt es Geschäfte und Gaststätten – und das seit Jahrhunderten.

Wir brauchen Wohnungen, heute dringender denn je. Wohnungen waren immer das eigentlich Wichtige für die Menschen der Stadt. In vielen unserer Altstädte aber stehen noch Häuser mit Toiletten in kleinen Nebengebäuden, Wohnungen, in denen es kein Bad gibt. Eine der vordringlichsten Aufgaben ist es deshalb, diese Häuser wirklich bewohnbar zu machen. Wir können gar nicht überall neue Häuser bauen – und wir brauchen es auch nicht. Eine große Zahl von Altbauten ist nicht nur stabil, sondern

---

Die neue Verkehrsachse neben der Altstadt von Halle

auch wertvoll, denn sie sind von Baumeistern und Künstlern gestaltet worden, sie sind Denkmale. Architekten und Bauwissenschaftler haben errechnet, daß es sogar billiger ist, die Stadtkerne zu erhalten, als sie völlig durch Neubauten zu ersetzen. Wo diese aber notwendig werden, um vorhandene Baulücken zu schließen, welche oft genug der zweite Weltkrieg hinterließ oder die durch das Abtragen baufällig gewordener Häuser entstanden, baut man heute angleichend. Das heißt, die neuen Häuser folgen der alten Straßenflucht und den Traufhöhen der benachbarten Altbauten. Vielfach erhalten sie auch Erker oder Schmuckelemente um Fenster und Türen. In den innerstädtischen Bereichen nehmen sie wie ihre Vorgänger wieder Ladengeschäfte, Restaurants und andere typisch städtische Einrichtungen auf.

Die Stadt wurde für den Menschen gebaut und nicht für sein Auto. Das müssen wir uns vergegenwärtigen, wenn wir uns mancherorts noch zwischen Benzindämpfen und hupenden und parkenden Autos hindurchschlängeln. Die Altstadt für den Fußgänger – nach diesem Leitbild sperrte man in Weimar, Stralsund, Wismar, Halle und bereits in vielen anderen Orten historische Hauptstraßen für Autos. Und siehe da – in ihnen pulsiert das Leben, frei von Abgasen, die farbig erneuerten alten Häuser behalten länger ihren Glanz, und Blumen gedeihen

---

Geschichte und Gegenwart im Stadtbild, Pulverturm und Uni-Hochhaus in Jena

zwischen ihnen. Ein Stück Geschichte solcher Städte wurde für unsere Gegenwart neu erschlossen, denn das alte Zentrum erhält durch eine solche Erneuerung – die Städtebauer nennen es Aufwertung – wieder seinen Sinn zurück: Es wird ein Platz der Begegnung für die Menschen, wo sie nicht nur kaufen und wohnen können; zwischen den schönen alten Fassaden finden wir Freude am meisterhaft Gestalteten. Wir erleben ein Stück unserer eigenen Geschichte sozusagen im Vorübergehen. Die kleine Stadt liegt in der großen.

Nun finden wir die Antwort auf unsere Eingangsfrage. Die Entwicklung der Gesellschaft und ihrer Produktivkräfte ist entscheidend für das Kleinbleiben und das Großwerden von Städten – aber auch für ihr Dahinwelken oder ihr Weiterblühen. Großstädte des Mittelalters von 30000 bis 50000 Einwohnern – eine „Normalstadt" zählte ja damals kaum mehr als 5000 Bewohner – wurden durch die rücksichtslose Industrialisierung in der Zeit des Kapitalismus oft zu häßlichen Fabrikstädten. Und wo sie ohne Fabriken blieben, sanken sie zu bedeutungslosen Orten ab. In fast allen Fällen müssen wir aber „entkernen", das heißt das unnütz Gewordene und Häßliche vom Schönen trennen und dieses Schöne und Wertvolle erhalten. Das alte Stralsund ist heute nur der Kern der Stadt, die sich nach Norden hin um die neue Knieperstadt verdoppelte und nach allen Seiten mit großen Wohnquartieren ausweitet. Noch deutlicher wird die Entwicklung der planmäßigen Erweiterung und Anlage einer neuen Großstadt von bisher ungewohnten, die Landschaft einbindenden Formen in Rostock, das sich ebenso rasch entwickelte wie sein neuer großer Hafen. Suhl, Halle, Leipzig, Dresden, Magdeburg, Karl-Marx-Stadt, aber auch Mittel- und Kleinstädte wie Neubrandenburg, Greifswald, Lübbenau oder Hoyerswerda haben Schritte in die Zukunft getan. Ihre großen Neubaugebiete schließen zur historischen Stadt auf, die die neuen Wohnquartiere wie ihre Kinder an breiten Verkehrsarmen hält. Und dieser Mutter Altstadt sollte auch unsere Liebe und Pflege gelten.

Unser Zug ist abfahrbereit. Während er sich langsam in Bewegung setzt, rauscht ein anderer Zug der Städteschnellbahn in die Bahnhofshalle. Wir sehen gerade noch, wie bei seinem Halt die Menschen aus den Türen strömen. Jetzt wissen wir, daß fünfzig und hundert Kilometer zwischen Städten von heute viel, viel kürzer sind als die gleiche Strecke zwischen den Städten von einst. Eine Tagereise ist zu einer Stunde geworden. Wir leben ganz selbstverständlich in Städten, die, durch stählerne Schienen verbunden, zusammengehören. Die Stadt ist nicht mehr wie einst ein Einzelwesen, auf sich selbst gestellt. Sie ist ein Teil eines Ganzen geworden, und das ganze Land spiegelt sich in ihr wider, in ihren Produktionsstätten, ihren Wohngebieten und Erholungsräumen, den Sportplätzen und ihrem Flughafen, an dem wir gerade vorüberfahren. Das Flugzeug über uns kommt wohl aus Budapest oder aus dem fernen Havanna. Die Zeit rückt zusammen, auch in unseren Städten. Wir leben zwischen Häusern, die ein Stück Geschichte sind, und wir bauen bereits neue neben ihnen für unsere Zukunft.

## *Begriffserklärungen*

*Akropolis* – Das griechische Wort bedeutet soviel wie Oberstadt oder hochgelegene Stadt und bezeichnet als bekanntesten Platz den Tempelbezirk über dem alten Athen

*Antike* – Altertum und historische Entwicklung von Ländern und Kulturen vor unserer Zeitrechnung; als klassische Antike bezeichnet man die Kulturen des griechischen und römischen Weltreiches (aus dem lateinischen anticus – alt)

*Archäologe* – Altertumsforscher; unter Archäologie versteht man die Erforschung der Geschichte und Kultur der Antike und des frühen Mittelalters. Als wissenschaftliche Disziplin wurde die Archäologie durch den 1717 in Stendal geborenen Kunstgelehrten Johann Joachim Winckelmann begründet (zusammengesetzt aus dem griechischen archaios – altehrwürdig und logos – Darstellung, Wort)

*Barock* – Kultur und Kunststil der feudalabsolutistischen Epoche zwischen etwa 1600 und 1760, gekennzeichnet durch eine große Formenfülle und reiche plastische Dekoration von Bauwerken. Der Schloßbau und nach der Gegenreformation der Kirchenbau erlebten eine große Blüte, in den Städten entstanden Palais

Der verspielter erscheinende Spätstil des Barock wird als Rokoko bezeichnet. In ihm sind die oft wuchtigen Barockformen verkleinert und zu reizvollen Kunstwerken zusammengestellt, das

Kunsthandwerk erlebte einen großen Aufschwung – zum Beispiel die Porzellanherstellung. Bedeutende Barockbauten sind die Schlösser in Potsdam-Sanssouci, Hubertusburg in Sachsen oder der Dresdener Zwinger

*Bauhaus* – Durch Vereinigung der Kunstakademie und der Kunstgewerbeschule in Weimar schuf 1919 der Architekt Walter Gropius das Bauhaus als Forschungs- und vor allem Ausbildungsstätte für Gestalter von Bauten, Gebrauchs- und Kunstgegenständen. 1925 übersiedelte das Bauhaus nach Dessau, wo der heute noch vorhandene große Neubau entstand. Die Faschisten lösten 1933 das von fortschrittlichen Architekten und Gestaltern getragene Institut auf. Besonders die moderne zweckentsprechende Baukunst und die Formgebung für Gebrauchsgegenstände, die am Bauhaus entwickelt wurden, sind wegweisend für die Herausbildung auch unserer heutigen Architektur und Formgestaltung geworden

*Bischof* – Träger der höchsten kirchlichen Amtswürde und Amtsgewalt in einem bestimmten kirchlichen Landesgebiet, dem Bistum. Der Erzbischof war ursprünglich der erste und oberste Bischof; im kirchlichen Bereich auch heute Leiter des mehrere Bistümer umfassenden Erzbistums (aus dem griechischen episkopos – Aufseher)

*Burg* – (aus dem lateinischen burgus – befestigter Ort) ein wehrhaftes Bauwerk, seit den ältesten Zeiten als Selbstverteidigungsanlage üblich. In der römischen Antike entstanden die burgartigen

Heerlager, seit dem frühen Mittelalter Pfalzen und feudale Wohnburgen, denen sich oft sogenannte Vorburgen für die Unterbringung der Kriegsknechte und Gerätschaften anschlossen. Seit dem 16. Jh. – mit der Entwicklung der bürgerlichen Gesellschaft und der Kultur der Renaissance – tritt das aufwendiger und weniger wehrhaft gebaute und wohnlich gestaltete *Schloß* an die Stelle der Burg. Es wurde vielfach an ihrem Platz in oder neben der Stadt erbaut. Viele Schlösser entstanden auch in den feudalen Jagdgebieten oder, besonders im 18. Jh., als sogenannte Lustschlösser in schönen Landschaften

In den Städten errichtete der Feudaladel und nach seinem Vorbild das reiche Bürgertum schloßartige Wohnbauten, die *Palais*, die besonders reich gestaltet und ausgestattet wurden. (Das französische Wort fußt auf dem mittelalterlichen Begriff palas für Wohnbau und dem lateinischen palatium; auf dem Palatinus-Hügel in Rom residierten seit Augustus die römischen Kaiser, das deutsche Wort Palast entspricht diesen Begriffen.)

*Diözese* – im griechisch-römischen Altertum ein Verwaltungsbezirk, von der christlichen Kirche als Bezeichnung für das Bistum, den Amtsbezirk des Bischofs, übernommen (aus dem griechischen dioikesis – Verwaltung)

*Domkapitel* – eine aus begüterten Domherren – ursprünglich ausschließlich Feudaladligen – bestehende Versammlung eines Bistums, vergleichbar einem Rat, die im 12./13. Jh. das alleinige Recht zur Bestimmung des Bischofs innehatte, also einen hohen geistlichen Machtapparat darstellte (abgeleitet vom lateinischen caput – Kopf, Haupt)

*Dom/Kathedrale* – Hauptkirche eines Bischofssitzes oder Bistums, im allgemeinen Sprachgebrauch heute auch als Bezeichnung für einen großen und bedeutenden Kirchenbau angewandt (aus dem lateinischen domus – Haus und dem griechischen Kadedra – Sitz, Lehrstuhl)

*Fronherr* – Die Fron war die einem Feudalherrn zu erbringende Leistung der Leibeigenen in Form von Arbeit, der Fronherr ist also der Feudalherr

*Gilde* – Vereinigung von Handwerkern oder Händlern, Kaufleuten und auch Bauern oder religiös Gleichgesinnten seit dem Mittelalter, vergleichbar etwa den Zünften

*Gotik* – mittelalterlicher Kunststil, dessen Frühphase die Feudalzeit begleitet, dessen Spätphase vor allem in den Städten mit der frühbürgerlichen Entwicklung einhergeht, in deutschen Gebieten die Zeit von 1250 bis 1500 umfassend. Kennzeichnend sind für die Frühphase langgestreckte und plastisch gegliederte elegante Kunst- und Bauformen, hoch aufragende Turmbauten und Kirchenräume, deren Wände durch reich verzierte Fenster und davorgelegte sogenannte Strebearchitektur – die als Stützung der oft hohen Bauten dient – nahezu aufgelöst werden. Ein Beispiel dafür ist der Halberstädter Dom

Für die Spätphase sind die Herausbildung der reichen Giebelarchitektur an Bürgerbauten sowie weite und große Kirchenräume charakteristisch. Die Kunstformen werden ausgesprochen feingliedrig und sind oft den Naturformen nachgebildet. Ein Beispiel für den Kirchenbau ist die Marktkirche in Halle, gotische Bürgerhäuser und Rathäuser finden wir in Stralsund oder Tangermünde

*Imperium* – Reich, Oberherrschaft; im alten Rom bezeichnete das lateinische Wort das römische Weltreich, das „Imperium Romanum"; im gleichen Sinne verwendete man den Begriff später beim „British Empire"

*Insignien* – Abzeichen und Kennzeichen staatlicher oder kirchlicher Vorrangstellung, Würdezeichen bedeutender Machtträger, wie z. B. eine Kaiserkrone oder ein Bischofsstab (aus dem lateinischen insigne – Würdezeichen)

*Klassizismus* – wird der Kunststil genannt, der seit der Mitte des 18. Jh. als Gegenbewegung zum aufwendigen Barock- und Rokokostil entstand. Er erstrebte einfache, aber edle, an den antiken Kunst- und Bauwerken geschulte Formen. Ein Beispiel ist das Alte Museum in Berlin

*Kolonisierung oder Kolonisation* – Besiedlung eines Landes, ursprünglich auch dessen landwirtschaftliche Urbarmachung. Im Altertum und Mittelalter bezeichnete Kolonisierung zugleich die mit der Landnahme einhergehende Eingliederung oder Unterordnung der ansässigen Bevölkerung durch die Kolonisten oder Landeroberer. In unserem

Gebiet übertrugen im frühen Mittelalter die christlichen Kolonisten ihre Religion auf die slawischen Stämme, deren Gebiet sie somit in Besitz nahmen und christianisierten (aus dem lateinischen colonus – Siedler, Landwirt)

*Kommunikation* – Verständigung der Menschen untereinander, ihre Beziehung zu Dingen und Erscheinungen der Umwelt sowie das Inbeziehungtreten unterschiedlicher Bereiche unseres Lebens

*Metropole* – Hauptstadt eines Landes, heute auch gebräuchlich für besondere Großstädte – Industriemetropole, Handelsmetropole (aus dem griechischen metropolis – Mutterstadt)

*Ministerialien* – Angehörige des mittelalterlichen Dienstadels, ursprünglich die Oberschicht der unfreien Hofdiener. Seit dem 12. Jh. stiegen die Dienstmannen allmählich zur ritterlichen Schicht auf, die schließlich nur noch den König als Oberherrn anerkannte (aus dem lateinischen minister – Diener)

*Patrizier, Patriziat* – Im antiken Rom war der patricius der Angehörige des Geschlechteradels, das Patriziat bildete die Klasse der bevorrechteten Grundbesitzer und Sklavenhalter. Im Mittelalter bezeichnete man die Schicht der wohlhabenden Stadtbürger als Patrizier, sie waren im Besitz der entscheidenden Rechte und besetzten zunächst die städtischen Ämter. Später machten die Handwerkerzünfte dem Patriziat die innerstädtischen Machtstellungen streitig und erlangten eine Machtbeteiligung

*Renaissance* – Seit dem vorigen Jahrhundert gebräuchlicher Stilbegriff für die Kultur und Kunst der frühbürgerlichen Epoche im 15. und 16. Jh. in deutschen Gebieten. Kultur und Kunstformen der damals gesellschaftlich weit entwickelten italienischen Stadtstaaten und der dort wiederentdeckten antiken Kunst strahlten über ganz Europa aus und wurden besonders in den wirtschaftlich weit entwickelten Niederlanden und in Frankreich zu reichen Zierformen ausgeprägt. Die Bürgerhausarchitektur erlebte nach der spätgotischen eine erneute reiche Blüte. Beispiele finden wir in Görlitz, Erfurt, das Alte Rathaus in Leipzig ist ein Renaissancebau

*Residenz* – Wohnsitz oder Wohnort eines weltlichen oder geistlichen Herrschers, also ein Königs-, Fürsten- oder Bischofssitz. Der Begriff bezeichnet heute auch den Sitz einer Regierung, eines Botschafters oder die Hauptstadt eines Landes (aus dem lateinischen residere – sitzen)

*Romanik* – der an die Zeit der Karolinger und Ottonen anschließende frühmittelalterliche Kunststil, im deutschen Gebiet die Zeit von etwa 950 bis 1250 umfassend. Kennzeichnend sind kubische Formen und Baukörper, große Wandflächen und rundbogig geschlossene kleine Fenster und Türöffnungen. Ein Beispiel ist die Stiftskirche in Quedlinburg. Auch die Bildwerke wirken massiv und sind nur an ihren Oberflächen linienartig gegliedert

*Seigerhütte* – Unter seigern – nach einem mittelhochdeutschen Wort – verstehen wir in der Gießereitechnik den Entmischungsvorgang, bei dem unterschiedliche Metalle beim Erhitzen oder Abkühlen voneinander getrennt werden. Man erhält nach dem Seigern also von Fremdstoffen oder anderen Metallen befreite Metallprodukte. Die Seigerhütte ist die entsprechende Produktionsstätte – in Grünthal wurde Kupfererz geseigert

*Vogt, Vogtei* – seit dem frühen Mittelalter feudalherrlich beauftragter Verwalter eines Ortes oder Landteils, ja sogar eines Reiches. Ursprünglich war der Vogt der Beauftragte für die weltlichen Angelegenheiten der Kirchen und Klöster, dann auch kaiserlicher, königlicher oder fürstlicher Beamter, dem auch die Rechtsprechung oblag, so gab es Stadt-, Land- und Reichsvögte. Ihr Amts- und Wohnsitz war die Vogtei

*Zunft* – während der Feudalzeit und der frühbürgerlichen Entwicklung Organisation der städtischen Handwerker. Die Zünfte regelten Arbeitszeit, Arbeitsweise, Preise und Warenqualität sowie ihre Mitgliederzahl. In Deutschland gehörten die Weber (seit 1099) und die Schuhmacher (seit 1128) zu den ältesten Zünften. Ursprünglich bildeten die Zünfte ein wichtiges progressives Instrument im Kampf der Handwerker gegen die Feudalherren und das städtische Patriziat. Später, seit dem 15. Jh., kämpften die Zunftgesellen gegen die Meister um die Möglichkeit des sozialen Aufstieges, den die alteingesessenen Meister durch erbliche Monopolstellung auf sich beschränken wollten. In der Zeit der beginnenden kapitalistischen Produktion bildeten die Zünfte dann einen Hemmschuh für die industrielle Entwicklung. 1731 wurde die Zunftgesetzgebung in Deutschland aufgehoben

# *Inhaltsverzeichnis*